掌控布局

历史典故中的谋略智慧

刘 新 / 著

SPM 南方传媒 | 广东经济出版社

· 广州 ·

图书在版编目（CIP）数据

掌控布局：历史典故中的谋略智慧 / 刘新著. 一广州：广东经济出版社，2024.10

ISBN 978-7-5454-9252-1

I. ①掌… II. ①刘… III. ①管理类—通俗读物
IV. ①C93-49

中国国家版本馆CIP数据核字（2024）第101245号

策划编辑：姚　琳
责任编辑：周伊凌　刘雨曦　许　璐
责任校对：陈运苗
责任技编：陆俊帆
封面设计：陈保全

掌控布局　历史典故中的谋略智慧
ZHANGKONG BUJU LISHI DIANGU ZHONG DE MOULÜE ZHIHUI

出版发行：广东经济出版社（广州市水荫路11号11～12楼）
印　　刷：唐山富达印务有限公司
（唐山市芦台经济开发区农业总公司三社区）

开　　本：880mm×1230mm 1/32　　印　　张：10.5
版　　次：2024年10月第1版　　印　　次：2024年10月第1次
书　　号：ISBN 978-7-5454-9252-1　　字　　数：230千字
定　　价：88.00元

发行电话：（020）87393830
广东经济出版社常年法律顾问：胡志海律师
如发现印装质量问题，请与本社联系，本社负责调换

序　言 / PREFACE

在这个日新月异、风云变幻的时代，我们时常被各种信息所淹没，如何透过繁杂的表象洞察事物的本质，如何在曲折的人生道路上保持头脑清醒和步伐坚定，成为摆在我们面前的现实难题。历史犹如一面镜子，可以映照出人类文明的点点滴滴，为我们提供宝贵的经验和智慧。

正是基于这样的思考，本书试图从历史的深处挖掘那些能够启迪我们心灵的谋略与智慧。

掌控布局，犹如智慧之门的密钥，向我们揭示了生活中的深层智慧。在纷繁复杂的人生棋盘上，每个人都是棋手，而布局则是智慧的结晶。它不是简单的规划，而是代表了对全局的深刻理解和对未来的敏锐预见。每步棋的落下，都是对未来趋势的把握；每次布局，都是对人生方向的主导。在生活的棋局中，让我们以智慧为灯塔，以行动为风帆，精心布局，乘风破浪。如此，我们便能成为自己命运的主宰，引领生活之舟驶向理想的彼岸。

在漫长的历史长河中，无数英雄智士以卓越的眼光和见识，书写了一个个精彩绝伦的智慧故事。他们或运筹帷幄之中，决胜千里之外；或临危受命，力挽狂澜于既倒；或身陷困境，施展金蝉脱壳之妙计……他们的谋略与智慧，不仅体现在对国家大事的把控上，也体现在对个人成长的深刻洞察上。

本书以这些历史人物为引子，通过解读他们的人生轨迹和心路历程，来探讨如何在现实生活中运用谋略与智慧，最大限度实现个人价值和社会价值。

全书分为八章，涉及个人成长、人际交往、口才谈吐、婚恋家庭、职场生存、识才用人、成事之道、逆境突围八个方面。

掌控人生，始于心行相应。知识为基，实践为翼，知行合一，方能翱翔于智慧的天空，成就非凡自我。

人际交往如棋局，纵横间见智慧。洞悉人心，互惠互利，方能在复杂的人际网络中游刃有余，收获和谐共赢。

言谈展现内心修养，谈笑间传递智慧。掌控语言的魅力，言之有物，言之有序，方能引人入胜，成为沟通高手。

婚恋家庭需经营，和睦相处是基石。理解包容支持，换位思考沟通，共同缔造温馨港湾，让爱滋养家的每个角落。

职场如战场，灵活变通是关键。敏锐洞察应变，持续学习创新，方能在职场风云中立于不败之地，实现个人价值。

识才用人，慧眼为先。人才凤毛麟角，唯有洞察人心，方能沙里淘金。用人如用兵，因才施用，方能人尽其才，团队和谐有序，共创辉煌。

成事之道，以稳扎稳打为要。心浮气躁，急功近利，往往功亏一篑。千里之行，始于足下，脚踏实地，步步为营，方能攀登事业高峰。

逆境是成长的摇篮，智慧是突围的利剑。面对困境，保持冷静，积极寻找突破口，方能化险为夷，反败为胜。

谋略，非单纯的智巧，而是洞悉人性、顺应时势。本书所选取的历史典故，无不体现这一点。这些典故中的人物或隐忍不发，待时而动；或联弱抗强，合纵连横；或以柔克刚，化敌为友……这些谋略的运用，不仅展现了他们的智慧与才干，更体现了他们对人性的深刻洞察和对时势的敏锐把握。

总之，这本书不仅深入挖掘了历史典故中的谋略与智慧，更将这些谋略与智慧同现实生活相结合，为读者提供一种全新的读史视角和思考方式。无论是对于历史爱好者、文化研究者还是普通读者，这本书都不仅能够启迪思维、增长见识，更能够让其在人生的道路上走得更加从容与自信。让我们一同走进历史，去领略先人的谋略与智慧，去探寻那些能够指引我们前行的星辰之光吧！

目　录 / CONTENTS

壹　知行合一 · 个人成长篇

○ 比聪明更重要的是眼光与见识 / 2
○ 百炼刚化为绕指柔 / 7
○ 知行并进，方得真知 / 13
○ 心存敬畏，行有所止 / 19
○ 惟精惟一，允执厥中 / 23
○ 修身如执玉，积德胜遗金 / 29
○ 君子不器，方得大道 / 35
○ 迟花慢发，大器晚成 / 40

贰　纵横捭阖 · 人际交往篇

○ 内诚外信，立身之本 / 46
○ 尊重他人就是尊重自己 / 52
○ 将心比心，换位思考 / 57

○ 种善因结善果 / 63
○ 赠人玫瑰，手有余香 / 69
○ 严以律己，宽以待人 / 73
○ 和而不同，美美与共 / 78
○ 和光同尘，与时舒卷 / 82

叁 谈笑自若 · 口才谈吐篇

○ 正话反说，令人警醒 / 88
○ 妙用比喻，让人会意 / 93
○ 借用寓言，婉转劝说 / 97
○ 转移话题，避免尴尬 / 102
○ 偷换概念，巧妙应对 / 107
○ 绵里藏针，以柔克刚 / 113
○ 请将不如激将 / 118
○ 说得天花乱坠不及以情动人 / 123

肆 和睦相处 · 婚恋家庭篇

○ 相互尊重，留有空间 / 130
○ 坦诚沟通，理解包容 / 135
○ 言传身教，培养自主 / 140
○ 教子有方，家道恒昌 / 144

○ 莫为小利，丧失大体 / 149
○ 有错必纠，不庇其短 / 154
○ 家风如雨，育人无声 / 159

伍 灵活变通 · 职场生存篇

○ 因地制宜，优化资源 / 166
○ 借势而为，乘势而上 / 170
○ 投其所好，事半功倍 / 175
○ 坚持原则，随机应变 / 180
○ 低调做人，高调做事 / 185
○ 装傻充愣，懂得藏拙 / 190
○ 以退为进，智慧布局 / 195

陆 各得其所 · 识才用人篇

○ 尊重差异，包容多样 / 202
○ 人尽其才，各得其所 / 207
○ 容人之短，用其所长 / 212
○ 得人心者得人才 / 217
○ 留住人才不能仅靠物质 / 222
○ 恩威并施，赏罚分明 / 227
○ 抓大放小，学会放权 / 233

柒 步步为营 · 成事之道篇

- 能够适时示弱才是真的强 / 240
- 抓住弱点，一招制敌 / 246
- 虚实相生，出其不意 / 251
- 声东击西，制造假象 / 257
- 引蛇出洞，争取主动 / 262
- 将欲取之，必固与之 / 266
- 打破常规，出奇制胜 / 271
- 他山之石，可以攻玉 / 276

捌 反败为胜 · 逆境突围篇

- 围魏救赵，曲线相助 / 282
- 以其人之道，还治其人之身 / 287
- 养精蓄锐，后发制人 / 291
- 无中生有，突破困境 / 296
- 空城计，玩的就是心理战 / 301
- 忍辱负重，委曲求全 / 307
- 麻痹对手，伺机脱困 / 312
- 置之死地而后生 / 317

壹

知行合一·个人成长篇

掌控自我，始于内心的觉醒与行动的实践。知行合一，是个人成长要遵循的黄金法则。知识是智慧的基石，但仅有知识是不够的。我们需要将所学知识融入日常行为中，让智慧在行动中绽放光芒。每一次深思熟虑后的实践，都是对自我掌控力的提升，也是向更高境界迈进的坚实步伐。通过不断地践行知行合一，去塑造更优秀的自己，让自己成为生活的主宰。

比聪明更重要的是眼光与见识

聪明被普遍追求，但其重要性却不及眼光和见识。眼光是对未来趋势的敏锐洞察，也是对生活中微妙变化的精准把握，它如同明灯，照亮我们前行的道路，让我们在混沌未明的世界中找到方向。见识则源自对生活的深度体验和思考，它是书籍的沉淀、实践的智慧、旅行的启示、交流的火花，决定着我们看世界的深度和广度，让我们能够跨越所在领域的藩篱，洞察事物的内在联系，见人所未见。

莫逞聪明意气

我们在成长的过程中，特别是在年少时期，由于生活经验和人生阅历不足，很容易意气用事。我们往往喜欢在人前炫耀自己的小聪明，想要通过与他人争个输赢来证明自己。然而，这种行为实际上是对自己的时间与精力的一种浪费，对个人成长并无裨益。我们来看看一个大器之才是怎么做的。

李德裕，唐朝李吉甫之子，天资聪颖，小时候颇受人们喜爱。唐宪宗也对他宠爱有加，常置他于膝上与他嬉笑。当李德裕的名声传至宰相武元衡耳中时，武元衡决定亲自考验他。

于是，武元衡命人把李德裕抱来，问："小裕，你在家里读什么书呀？"然而，李德裕却睁着一对亮晶晶的眼睛，望着武元衡一声不吭。武元衡连问三次，均未得到回应，便失望地命人送李德裕回家。

次日，武元衡嘲笑李吉甫说："人们都说你儿子是神童，但依我看，不过是个小傻瓜！"李吉甫归家后不悦地质问李德裕。李德裕却咯咯一笑，说："武大人身为一国宰相，应该考问我治国安邦的大事，可是他竟问我读什么书，这是礼部和最高学府过问的事。武大人所问不当，有失宰相身份，所以我拒不回答。"

李吉甫听后转怒为喜，跑去向武元衡说明缘由。武元衡听后羞愧难当，连声称赞："小裕真乃奇才！日后定有作为！"后来，李德裕果然不负众望，成为晚唐时期的名相。

李德裕面对宰相的考问，不卑不亢，用自己的方式表达了对国家大事的关注。这提醒我们，在日常生活中，我们应该注重培养自己的眼光和见识，而非仅仅满足于表面的聪明和机巧。同时也告诫我们，面对权威时，不要为了显示自己的聪明才智而盲目逞能。真正的智慧不仅在于知识的积累和才智的显露，更在于运用它们去解决实际问题。

避免盲目努力

除非天生早慧，一般而言，一个人的远见卓识是通过他的努力学习与不断实践得来的。然而，我们要避免盲目努力，只有这样才能让我们更加高效地实现目标，避免浪费时间和精力。否则，朝错误的方向不断努力，徒劳无功，会让人感觉到挫败和焦虑。

王戎在西晋时位列三公，官至司徒，他的不凡之处从小便显现出来。有一次，王戎与几个小伙伴到临沂城郊玩，小伙伴们看到大路旁有棵李树，都兴奋地跑了过去，一个个仰着汗津津的小脸，望着满树金黄透红、红中带紫的李子，馋得不行，争着爬树摘李子，只有王戎毫不在意地站着不动。有小伙伴很奇怪，问："王戎，你怎么不摘李子呢？"王戎说："这李子是苦的，不能吃。"

小伙伴们不信，一个个摘了许多李子从树上爬下来。大家拿着红艳艳的李子咬了一口后，立刻吐了出来："啊，呸！真苦呀！"他们纷纷问王戎："你怎么知道这李子是苦的？"王戎说："这棵李子树如果生在深山，毫无疑问是甜的。现在它生在大路边，如果是甜的，早就被过路人采光了。"

在现实生活中，我们常常会遇到各种诱惑。有时候，我们可能会被表面的美好所迷惑，为了追求某些目标，而忽略了其背后的本质。王戎教会了我们一个深刻的道理：在面对问题时，要先通过冷静观察和理性思考来做出正确的判断，避免盲目努力。

不要故步自封

要培养眼光和见识，必须拓宽视野，多角度、多层次地思考问题。只有不断学习和积累，才能提高自己的认知水平，更好地应对未来的挑战。因此，我们不要故步自封，而要勇于拥抱变化，接受新事物，吸纳新能量。

“故步自封”这个成语包含两个富有哲理的故事。第一个故事与“故步”有关，它源自班固的《汉书》中的一段记载：班固的伯父班嗣家中藏书丰富，吸引了许多人前来借阅。虽然班嗣也研究儒学，但他更偏爱老庄学说。老庄学说强调自然淡泊，与儒家所倡导的忠孝仁义不同。当有儒生向班嗣借阅老庄之书时，他便会劝诫说，既然已经深入研究儒家思想，就不要再分心于老庄之学。他引用《庄子》中的一个故事来警示他人：有个燕国人羡慕赵国邯郸人优雅的步姿，于是前去学习，结果非但没有学成，反而连自己原本走路的方式都忘记了，最终只能爬着回国。

第二个故事与“自封”相关，来源于东晋庾阐的《断酒戒》，庾阐在文中阐述了自己戒酒的原因。他认为，一旦沉迷于喝酒，便会放纵自己的欲望，从而伤害到纯真自然的本性。为了表达戒酒的决心，他将家中的酒杯、酒壶等一切酒器悉数打破。然而，他的一个好酒的朋友对此很不以为然，说："酒自古以来都是人们所钟爱的，即使是古代圣贤也不例外。你打破酒器，这样自我设限，不过是表面的忌口，但内心仍然想着它，又有什么用呢？"庾阐则回答道："人出生时并没有任何欲望，但后来欲望逐渐养成，都是受到了周围环境的影响。如果能把这些诱因铲除，内心就不会蠢蠢欲动。心静下来就会快乐，不会受到欲望的干扰。所以忌口不仅仅是忌口，也有助于忌心。"朋友听后觉得有道理。

后来，人们将"故步"与"自封"结合起来，形成"故步自封"这个成语，用于形容满足于现状、不思进取。它告诫我们不要停留在自己的舒适区，而要勇于突破自我，只有这样才能不断获得成长。

天生聪明无疑是值得庆幸的恩赐，然而若因此轻视了持续的学习，陷入自满与炫耀的旋涡，则会"聪明反被聪明误"。比聪明更重要的是一个人随着岁月磨砺而形成的眼光与见识，它超越了智力与知识的范畴，升华为一种深邃的智慧。这种智慧，让我们能够在风浪中保持定力，面对挑战时从容不迫，不因短暂的困境或诱惑而迷失方向。因此，天生聪明或许能赢得起跑线上的优势，但有无眼光与见识才是决定我们人生旅程是否精彩的关键。

百炼刚化为绕指柔

“何意百炼刚，化为绕指柔。”出自西晋军事家、文学家刘琨的《重赠卢谌》，是他被缢杀前留下的千古绝唱。诗人感叹自己因遭遇惨败而变得无能为力，好像经历过千锤百炼的坚钢变为可以缠绕在手指上的柔软之物，任人宰割。然而，在“百炼刚化为绕指柔”成为一个俗语后，它的语意由贬变为褒，用于形容原本刚强坚毅的性格，在经历一些挫折或磨难后，变得柔顺温和。

坚韧不拔的意志

百炼刚化为绕指柔，首先传达的是一种坚韧不拔的品质。就像经历过无数次锤炼的坚硬钢铁变得柔韧一样，人在经历种种挑战和困难后，也会变得更加坚韧。这种坚韧不仅体现在对压力的承受力上，更体现在面对困难时不放弃、勇往直前的决心上。

玄奘西天取经是中国历史上一个脍炙人口的传奇故事。

出于对佛法的热爱和对真理的追求，贞观三年（公元 629 年），玄奘毅然踏上前往天竺（今印度）的取经之路，这条路充满未知和危险，但他却从未退缩。

在长达数年的旅途中，玄奘穿越了茫茫沙漠，翻越了险峻的雪山，甚至遭遇了盗贼的袭击。每一次困难都考验着他的意志和信念，但他始终坚定如初，不屈不挠地前行。他的心中只有一个目标，那就是取得真经，将佛法的智慧带回大唐。

最终，玄奘成功抵达了天竺，在那里他学习了佛法，取得了真经。而后，他带着这些宝贵的经书返回大唐。玄奘往返天竺历时 17 载，行程 5 万里，归国后受到唐太宗召见，然后开始了繁重的经书翻译和传播工作。他坚韧不拔、勇往直前的精神不仅成就了他个人的传奇，也为中印文化交流留下了宝贵的遗产。

玄奘取经的故事，成为以坚韧不拔的意志成就事业的典范。它告诉我们，无论遭遇多大的困难与挫折，只要我们拥有坚定的信念和不屈的精神，就有希望让困难与挫折成为人生的历练。

温柔谦和的态度

“百炼刚”象征着坚韧和力量，“绕指柔”表达了一种温柔与谦和。这种温柔并不是软弱，而是在保持内在力量的同时，对外展现出一种谦和、包容的态度。这种品质让人在坚持自己的同时，也能理解和接纳他人，从而建立起良好的人际关系。

战国时期，蔺相如通过完璧归赵、渑池会盟等事件维护了赵国的利益与尊严，因此被赵惠文王拜为上卿，位在战功赫赫的廉颇之上。廉颇很不服气，扬言要当面羞辱蔺相如。蔺相如得知后，尽量回避、容让，不与廉颇发生冲突。

蔺相如的门客以为他畏惧廉颇而要离开他，蔺相如解释说："秦国不敢侵略我们赵国，是因为有我和廉将军。我对廉将军容忍、退让，是把国家的危难放在前面，把个人的私仇放在后面啊！"这话被廉颇听到后，他深感惭愧，于是赤裸着上身背上荆条，到蔺相如府上"请罪"，谱写了中国历史上一段感人至深的"将相和"佳话。

蔺相如的温柔谦和不仅化解了两人之间的矛盾，而且使赵国得以维持内部的团结和稳定。我们可以试想一下：如果蔺相如不退让，与廉颇硬碰硬，恐怕赵国将会陷入一场无休止的内斗之中。两位重臣的争斗不仅会削弱国家的实力，更可能让敌国趁虚而入，导致无法挽回的后果。

能屈能伸的性格

"百炼刚"代表了坚韧不拔的毅力，是指无论遭遇多少挫折和困难，都能保持内心的坚定；而"绕指柔"则体现了灵活变通的智慧，是指能够在复杂多变的环境中迅速应对。刚柔相济体现出的是一种像尺蠖一样能屈能伸的特点。一个能屈能伸的人，既能够坚持自己的信念和原则，又能够在必要时适应变化和做出调整，从而更好地应对人生中的各种挑战。

韩信是西汉的开国功臣，其能屈能伸的性格特点在他的一生中体现得淋漓尽致，也为我们展示了这一性格对一个人成长的重要性。

早年，韩信遭遇了许多屈辱。他在身无分文，无法自给自足时，不仅接受了漂母施舍的饭食，还忍受了泼皮的胯下之辱。这些行为看似屈服，实则是他内心深处的坚韧与智慧在发挥作用。他知道，在那一刻，与对手硬碰硬并无益处，反而可能因此丧命。他选择了“屈”，但并未放弃对未来的追求和信念。

后来，韩信投奔刘邦，逐渐展现出他的军事才能，最终登坛拜将。他能够审时度势，采取合适的战略战术，帮助刘邦打败了项羽，建立了汉朝。在这一过程中，韩信性格中的“伸”也得到了充分的体现，他不再是那个默默忍受屈辱的人，而是一位杰出的将领，为国家立下了赫赫战功。

能屈能伸的性格对韩信的成长至关重要。在逆境中，他懂得如何保护自己，积蓄力量；在顺境中，他知道如何抓住机遇，展现自己的才能。这种性格使他能够在复杂多变的环境中生存下来，最终实现自己的价值。

积极乐观的心态

“百炼刚化为绕指柔”还体现了一种积极乐观的心态。一个经历了无数困难和挑战的人，如果能够保持对生活的热爱和对未来的期待，那么他就能以一种更加积极、乐观的心态去面对生活中的种种不如意。这种积极乐观的心态不仅能够帮助他更好地应对压力和挑战，还能让他在逆境中发现更多可能性。

公元 805 年正月，唐德宗驾崩后，唐顺宗即位。唐顺宗的老师王叔文受到重用，他素有改革之志，开始主持改革。在当时享有“诗豪”之称的刘禹锡，因其才华志向而深受王叔文赏识，被委以重任，参与对国家财政的改革。然而，由于改革触犯了藩镇、宦官和大官僚们的利益，在他们的反扑下，改革宣告失败，唐顺宗被迫禅位给太子李纯，王叔文被赐死，刘禹锡先后被贬为远州、朗州等州的司马。刘禹锡在被贬谪的十年间，用诗歌来抒发自己的情感，其作品充满了对自然美景的赞美、对人生哲理的深刻思考以及对社会现实的关注。他的诗句“沉舟侧畔千帆过，病树前头万木春”就是他对生活深刻感悟的写照。即使自己像一艘沉没的船，他也能看到旁边千帆竞发的壮观景象；即使自己像一棵病弱的树，他也能感受到前方万木争春的勃勃生机。

刘禹锡积极乐观的心态为他自己带来了力量，他不仅留下了许多好诗，后来也担任东都尚书、苏州刺史等职。他的经历告诉我们，无论遭遇多大的困难，都应该保持乐观、积极的心态去面对生活。只有这样，我们才能在逆境中发现更多的可能性，才能在挫折中找到前进的动力。

“百炼刚化为绕指柔”不仅象征着坚韧不拔的意志和温柔谦和的态度，更展现了能屈能伸的性格与积极乐观的心态。这些品质共同构成了人生成功的基石，帮助我们在面对困难与挑战时，既能保持内心的坚定，又能灵活应对。

知行并进，方得真知

知行并进，方得真知——这不仅是一种求知的方法，更是一种生活的智慧。知，是心灵的启迪，为我们点亮前行的灯塔；行，是脚步的坚定，让我们在实践中探索真理。知与行，如同鸟之双翼、车之双轮，缺一不可。只有让知识与实践相互交融，才能洞察社会的本质，领悟生活的真谛。在知行并进的道路上，我们不断超越自我，拓宽视野，最终抵达充满智慧与洞见的彼岸。

知识与实操，携手同行

知识是脑海里的“宝藏图”，实操则是手里的“探险铲”。我们既要学习知识，也要勇于实践。光有知识不动手，就像看着菜谱不烧菜；光有实操没知识，就像盲目挖宝易走偏。所以，知识和实操要一起上，携手前行，我们才能在生活中找到真正的宝藏。

下面举一个例子来说明知行脱节的严重后果。赵括自幼便沉浸在兵书之中，每每论及战事，都自信满满，以为天下无人能出其右。他曾与父亲赵奢切磋军事，即使是作战经验丰富的赵奢也难以在辩论中占到上风，但赵奢对儿子却不以为然。

赵括的母亲见状，便询问丈夫赵奢其中的缘由。赵奢说："战争是关系到生死存亡的大事，而赵括却将其说得轻描淡写。若赵国将来不用他为将也罢，一旦让他统领三军，恐怕赵军的败绩就要落到他的头上。"

后来赵秦之间发生长平之战，赵孝成王中了秦国的反间计，决定用赵括换下前线主帅廉颇。当赵括即将出征时，他的母亲心怀忧虑地前往王宫，恳求赵孝成王另选贤能。她重述了赵奢的担忧，并提及赵奢当年为将时，总是将所得的赏赐悉数分给麾下的士卒，与他们同甘共苦，而如今赵括身为将军，却将所得的赏赐全部带回家中，因此认为赵括与其父不能比。

然而，赵孝成王却执意要任命赵括为将，认为他才智过人，必能建功立业。对此，赵括的母亲只能无奈地说："若大王坚持如此，倘若赵括不称职导致战事失利，希望我的家族能免去连坐之罪！"赵王同意了。结果长平之战大败，数十万赵军被秦军活埋，赵国元气大伤。

这个历史典故反证了知识与实操二者缺一不可。空有知识而无实践，就如同赵括一样，只是纸上谈兵，无法应对现实挑战。因此，我们必须将知识与实操相结合，才能在人生的道路上稳步前行，避免"翻车"。

从理论到实践，跨出这一步

理论是思维的翅膀，带我们飞翔在思想的天空中；实践是行动的根基，让我们稳稳地站在现实的大地上。从理论到实践，我们需要勇敢地跨出这一步，将思想转化为行动，让智慧在现实中绽放光芒。

王阳明，历史上罕见的真正实现了“三不朽”的圣人，他的心学影响了无数后人，然而，他的思想之路并非一帆风顺。早年，王阳明曾深信朱熹的“格物致知”学说，为了实践这一理论，他选择了竹子作为对象，希望通过观察竹子来领悟其中的道理。然而，他面对竹子苦思了七天七夜，却一无所获，反而因此病倒。

这次失败的经历对王阳明产生了深远的影响。他开始怀疑朱熹的学说，并转向自己的内心寻找答案。通过不断实践和思考，王阳明逐渐形成了自己的心学体系，强调“心即理”“知行合一”“致良知”等理念。他认为，真理并非外在于人的事物，而是存在于每个人的内心之中。只有通过实践和反思，才能发现内心的真理，并将其付诸行动。

王阳明的经历告诉我们，理论并非万能，实践才是检验真理的唯一标准。只有经历过实践检验的理论，才是真知，才是有价值的。

在实践中摸索，在思考中升华

实践是探索的旅程，每一步都充满未知与挑战；思考是心灵的磨砺，每一次反思都是对智慧的提炼。只有在实践中摸索前行，在思考中升华智慧，我们才能不断成长，逐渐接近真理的殿堂。

李时珍，明代的伟大医学家，他历时近30年著成的《本草纲目》是中国古代药物学的巅峰之作。在撰写这部巨著的过程中，李时珍不仅深入山川，亲自采集各种草药，还广泛收集民间药方，进行了大量的临床实践。他每遇到一种新的草药，都会仔细研究其形态、生长环境及药效，甚至亲自试药，以验证其功效。这种勇于实践的精神，使他在药物学上取得了前所未有的成就。

同时，李时珍也是一位勤于思考的学者。他不仅对前人的经验进行了批判性继承，还在实践中不断总结反思，提炼出新的医学理论。正是这种在实践中摸索、在思考中升华的智慧，使得《本草纲目》不仅成为一部药物学的百科全书，也是一部充满哲学思考的智慧之书。

真理的追求需要勤奋的实践和深刻的思考。李时珍用《本草纲目》这部不朽巨著诠释了“在实践中摸索，在思考中升华”的真谛。让我们见贤思齐，勇敢地探索未知，不断在思考中提升自我，向着更高的智慧境界迈进。

不断迭代，知行终成一体

知与行之间的关系如同DNA（脱氧核糖核酸）的双螺旋结构，相互缠绕，共同上升。每一次迭代都是对知与行的深度融合，每一次进步都是对自我的超越。

张衡是东汉时期杰出的科学家，他的一生就是“不断迭代，知行终成一体”的典范。张衡不仅精通理论，更重视实践，他通过制作各种仪器来验证自己的理论，其中最广为人知的便是他发明的地动仪。

当时，地震频发，人们对此既恐惧又无奈，张衡深知必须找到一种预测地震的方法，以减少灾害带来的损失。他深入研究地震的原理，结合自己所掌握的丰富的机械知识，开始设计地动仪。经过无数次的试验和修改，张衡最终成功制造出了能够预测地震方向的地动仪。

张衡的成功并非一蹴而就，而是他不断迭代知行的结果。他在试验中发现问题，在思考中寻求答案，再通过实践验证自己的思考。这种知与行的深度融合，使他能够不断超越自我，最终达到了知行合一的境界。

知识和实践是相互依存的。只有通过不断实践，我们才能将知识内化为自己的智慧；而只有通过深入思考，我们才能将实践经验提升为普遍的理论。在不断迭代中，知与行终将融为一体，成为我们内在的力量与智慧。

知行合一，智慧自生。历史典故犹如智慧的宝藏，赵括的纸上谈兵让我们警醒于实践之重要性，王阳明的内心探索指引我们踏上追求真理之路，李时珍的草药研究凝结出医学之瑰宝，张衡的地动仪则是知行融合的典范。它们告诉我们，只有知行并进，我们才能领悟生活的智慧，抵达更高的境界。

心存敬畏，行有所止

在纷繁复杂的世界中，我们时常面临各种诱惑与挑战。如何在这变幻莫测的人生航程中保持自我、坚守本心？答案就是——心存敬畏。敬畏，是一种态度，更是一种智慧。它提醒我们在追求梦想的路上，不忘初心，尊重规则，懂得约束自己，珍视每一个来之不易的机遇。只有心存敬畏，我们才能在风浪中稳住方向，勇往直前。

心存敬畏才能不失控

心存敬畏，如履薄冰，方能走得稳当。人生如海，在波涛汹涌中易迷失方向，唯有敬畏之心，如指南针，能引领我们避开暗礁，驶向彼岸。敬畏天地，顺应自然；敬畏规则，恪守底线。不失控的人生，从敬畏开始，于慎独中体现。

战国时期，杰出的思想家荀况在其传世之作《荀子·王制》中说：“君者，舟也；庶人者，水也。水则载舟，水则覆舟。”他以此比喻警示统治者：作为君主，就像是航行在民众这片浩渺水域中的一叶扁舟，民众的力量既可以托举你前行，也可以将你淹没。

到了唐朝贞观年间，魏徵在《谏太宗十思疏》中进一步强调了这一点：“怨不在大，可畏惟人；载舟覆舟，所宜深慎。”他提醒唐太宗，民心向背是决定国家兴衰的关键，水能载舟也能覆舟，君主应时刻对民众的力量保持敬畏，谨慎行事。

唐太宗对荀子和魏徵的观点深表赞同，《贞观政要 · 政体第二》一文中说：“君，舟也；人，水也；水能载舟，亦能覆舟。”他深知，作为君主，只有心存敬畏，尊重民情民意，才能避免在权力的海洋中失控翻沉。这种敬畏不仅是对民众力量的认可，更是对执政为民理念的坚守。

唐太宗虽然贵为天子，却对百姓始终保持着敬畏之心，并时刻警醒自己不可因皇权至高无上而妄为失控。他勤于政事，虚心纳谏，厉行节约，使百姓能够休养生息，国家逐渐强盛，创造出“贞观之治”的盛世景象。

心存敬畏才能无畏

心存敬畏并非怯懦，而是对生命、对自然、对规则的深刻尊重。敬畏之心让人明白自身的渺小与局限，从而激发出内在的勇气与力量。因为敬畏，我们更加珍惜；因为敬畏，我们更加勇敢。敬畏让我们知道底线，有了底线，我们才能无畏前行。

科举状元出身的文天祥生活在南宋末年，当国家深陷危难之时，他并未选择逃避，而是毅然决然地肩负起了抗元的重任。他深知前路艰难险阻，但内心的敬畏之情却为他注入了无尽的勇气和力量。他敬畏国家和民族的尊严，不容其受到丝毫的践踏和侮辱。

在狱中，文天祥面对元朝统治者的威逼利诱，始终坚守着自己的底线和信仰。他心中明白，生命的价值远非权力和金钱所能衡量，唯有对国家和民族的忠诚与敬畏才是他真正的精神支柱。正是这份敬畏之心，让他在生死关头依然能够保持无畏无惧的姿态，留下了“人生自古谁无死，留取丹心照汗青”的千古绝唱。

文天祥的事迹告诉我们，只有心存敬畏的人才能在人生的道路上无畏前行，走得更加坚定和从容。心存敬畏的人，不会因一时的困难或挫折而退缩，因为他们知道这些挑战是生命旅程中的一部分，是成长的必经之路。

心存敬畏才能行稳致远

心存敬畏，方能脚踏实地，行稳致远。敬畏之心让我们时刻保持清醒与谦逊，不因一时的成功而骄傲自满，也不因一时的挫折而气馁放弃。敬畏是前行的动力，也是方向的指引。在敬畏中前行，我们才能走得更远、更稳。

明朝时期的郑和，是一位伟大的航海家，也是中外交流的重要使者之一。他于永乐三年（公元 1405 年）至宣德八年（公元 1433 年）间，奉命率领庞大的船队，先后七次踏上了下西洋的征程，与各国进行友好交流，传播中华文化。

在漫长的航行过程中，郑和始终保持着对大海的敬畏之心。他深知大海的浩瀚与神秘，因此顺应自然、尊重规律，时刻保持谨慎。这种敬畏之心，让他在面对惊涛骇浪时，能够保持冷静和坚定，最终顺利航行至远方。

同时，郑和也以礼待人、平等交易，赢得了各国人民的尊重和友谊。他秉持着和平、友好的外交理念，与各国进行了广泛的文化交流和经济合作。他的船队带去了中国的丝绸、瓷器、茶叶等珍贵物品，也带回了各国的特产和文化。这种平等的交流方式，促进了中国与东南亚、南亚、非洲等地各国的文化交融和经济繁荣。

郑和的成功远航，不仅展示了明朝的国威和实力，更体现了心存敬畏、行稳致远的智慧。他的事迹告诉我们，只有保持敬畏之心，顺应自然、尊重规律，才能走得更远、更稳。

心存敬畏，不仅是一种内在的修为，更是我们与世界和谐共处的智慧。它教会我们在喧嚣中保持宁静，在追求中不失底线，在成长中永葆初心。这份敬畏之心如同明灯，照亮我们前行的道路，引导我们走向更加广阔的未来。让我们时刻保持敬畏，让生命的旅程更加充实、更加美好。

惟精惟一，允执厥中

“人心惟危，道心惟微，惟精惟一，允执厥中”，出自《尚书·大禹谟》，相传是尧帝禅位给舜帝时告诫舜帝的关于治世之道的心经，其意思是“人心动荡不安，道心幽昧难明，只有精诚专一，实实在在地实行中正之道。”中正之道，也就是中庸之道，与孔子所说的“过犹不及”同理。这是治世之道，也是修身之道，强调在宽严相济中获得和谐。

情绪稳定冷静

在情感调节上，中庸之道倡导“喜怒哀乐之未发，谓之中”，即在情绪波动时保持内心的平静。通过修炼，情感表达恰如其分，既不过于激烈，也不过于压抑，从而达到情感的和谐与稳定。这种情感的平衡有助于个人在复杂的人际关系中保持理智和冷静，更好地应对生活中的挑战。

“中庸”是儒家的重要思想，通过孔子的教诲，这一理念深入人心。

有一次，子贡在与孔子讨论师兄弟们的性格时，好奇地问：“先生，子张与子夏两人中，谁更优秀呢？”孔子沉思片刻后回答：“子张过于激进，而子夏则稍显不足。”

子贡追问：“那是否意味着子张更优秀？”孔子摇了摇头，说：“过度与不足都是失衡，都是未能把握好事物的度的表现。”这便是“过犹不及”这一成语的由来。

某日，子路兴冲冲地跑来问孔子：“先生，我听说了一个好主意，是否应立即实施？”孔子平静地回应：“你应该先向有经验的父兄请教，而非急于行动。”子路听后，如被冷水浇头，但仍然恭敬地行礼离去。

不久，冉求也来到孔子面前，犹豫地问：“先生，我也听说了一个好主意，是否该立即实施？”孔子却鼓励道：“好主意当然应该立即实行。”冉求受到鼓舞，满怀信心地离开了。

旁边的公西华感到困惑，孔子笑着解释：“冉求性格保守，我需要鼓励他勇敢行动；而子路则过于冲动，我需要提醒他谨慎思考。”

又有一次，孔子带领弟子们参观鲁桓公的庙堂。他们看到一个容易倾倒的器物，孔子围着它转了几圈，最后问守庙人：“这是什么？”守庙人回答：“这是放在座位旁的警戒物。”

孔子顿时领悟，对弟子们说：“这个器物空着时会倾斜，装物适中时则端正，装满时则翻倒。君王把它当作警戒自己的象征。”说完，他让子路取水来试验。果然，水装得适量时器物端正，装满后则翻倒。

孔子感叹道："哪有装满了却不倒的东西呢？"子路问："先生，有没有办法让它装满也不倒？"孔子回答："聪明要用愚笨来调节，勇猛要用怯弱来调节，富足要用谦恭来调节。这就是达到适中的方法。"子路听后深受启发，点头不已。

孔子的教诲，如清泉流淌，引导我们走向情感的平衡与稳定。通过"中庸"的智慧，我们学会在喜怒哀乐中保持冷静，避免走向极端，正如那庙堂中的器物，适中而不倒，才是真正的智慧。让我们铭记孔子的教诲，追求那份恰到好处的和谐与美满。

道德真诚正直

在道德修养上，中庸之道强调"诚者，天之道也；诚之者，人之道也"，这意味着在道德修养上要追求真诚、善良、正直等品质，不断提升自己的道德境界。通过修炼，我们的心灵更加纯净、高尚，能够更好地践行社会道德和伦理规范，从而达到道德的和谐与完美。这种道德的平衡有助于个人在内心深处树立起坚定的信仰和追求，为人生的发展提供强大的精神动力。

春秋时期，陈国的陈敬仲因国内的纷争，带着家人逃到了齐国。齐桓公，这位被誉为"春秋五霸"之首的英明君主，素闻陈敬仲的贤名，一心想要重用他。初次见面，齐桓公便被陈敬仲的才华和品德深深吸引，欲封他为卿。然而，陈敬仲却以寄人篱下、才能不足为由，婉言谢绝了。

齐桓公并未因此责怪陈敬仲，而是让他担任了“工正”一职。陈敬仲在职期间，表现出色，进一步赢得了齐桓公的赏识。一次，陈敬仲邀请齐桓公到家中饮酒。庭院中，酒香四溢，两人把酒言欢，畅谈天下大事。然而，当齐桓公兴致正浓，提议彻夜痛饮时，陈敬仲却站了起来，坚决地拒绝了。

他诚恳地对齐桓公说：“酒宴是礼仪之事，应适可而止。若因陪我饮酒而过度，招致他人非议，我岂不是罪过吗？”齐桓公听后，虽然有些失望，但也被陈敬仲的真诚和正直所打动，不再强求。

陈敬仲的两次拒绝，都体现了他对中庸之道的深刻理解。他明白，无论是做官还是饮酒，都要把握分寸，不可过度。正是这种恰到好处的处世智慧，让他在齐国赢得了崇高的威望，也为他的后世子孙在齐国的发展奠定了坚实的基础。陈敬仲的故事告诉我们，要坚守中庸之道，这样才能在复杂的社会中立于不败之地。

行为得体适度

在行为举止上，中庸之道强调“发而皆中节，谓之和”，这意味着在行为上要遵循一定的规范和标准，使自己的行为符合社会道德和伦理要求。通过修炼，我们的行为举止得体、适度，既不过于张扬，也不过于拘谨，从而达到行为的和谐与美观。这种行为的平衡有助于个人在社会中树立良好的形象，赢得他人的尊重和信任。

春秋末期的晋国，赵氏家族有一位名叫董安于的家臣，他性格沉稳，行事谨慎。然而，他深知自己性情有时过于迟缓，容易错失良机。为了克服这一缺点，他在自己的腰带上系上一根弓弦，以此作为自警的标志。每当需要做出决策时，他就会看向那弓弦，提醒自己加快节奏，提高效率。

董安于的这种方法逐渐奏效，他变得越来越果断，事情也处理得越来越妥当，因此成为赵简子的得力助手。当时，晋国政局动荡，六位大臣争权夺势。董安于敏锐地察觉到了范氏和中行氏的叛乱企图，他立即向赵简子报告，并建议果断采取措施。

后来，虽然范氏和中行氏的叛乱被平息，但有人担心如果董安于长期做赵简子的家臣，会使赵氏势力不断壮大，最终会独掌晋国政权，所以想除去他，进而除掉赵氏家族。眼看更大的内乱一触即发。

董安于深知自己的存在可能会给赵氏家族带来危险。为了晋国的安宁和保护赵简子，他毅然决定牺牲自己。他对赵简子说："请您为了国家的利益，允许我以死来换取晋国的安定。"说完，他就自杀了。

董安于的牺牲让晋国暂时恢复了安宁。他用自己的行动诠释了中庸之道的真谛——既要果断行事，又要把握分寸。他的故事成为千古传颂的佳话。

允执厥中，乃执守中正之道，与中庸理念相契合。中庸者，非折中而已，更在于寻求动态的平衡，于万变中守一不变的原则。允执厥中，即是在纷繁复杂的世界中，坚守那份恰到好处的中正，既不过激，亦不偏激，如是方能行稳致远，和谐共生。

修身如执玉，积德胜遗金

修身如执玉，温润而泽，意味着在人生的道路上，我们应该像珍视玉石一样珍视自己的品行；积德胜遗金，厚积而薄发，喻示着累积善行远比留下物质财富更为宝贵。只有不断雕琢内心，积小善成大德，方能绽放生命的光彩，收获内心的宁静与富足。

时常反省

时常反省是修身的重要手段。磨刀不误砍柴工，反省能让我们及时发现并纠正自身的错误和不足，避免在人生的道路上偏离正确方向。通过反省，我们可以更加清晰地认识自己，明了自己的优点和不足，从而更好地规划自己的人生道路。

明朝学士徐溥，自幼便以聪明才智和刻苦学习著称。然而，他更为人称道的是严谨的自我反省精神。

徐溥明白，要想在人生道路上不偏离正确方向，就必须时常审视自己的言行。于是，他在书桌上摆放了两个瓶子，一个装黑豆，一个装黄豆。每当他做出善举或说出善言时，就会投入一粒黄豆；而每当他有过失时，则会投入一粒黑豆。

起初，由于徐溥还在成长的道路上摸索，黑豆的数量远远超过了黄豆。但他并没有因此气馁，反而更加深刻地反省自己，努力改正错误。随着时间的推移，黄豆的数量逐渐增多，与黑豆持平，甚至最终超过了黑豆。

这一做法对徐溥来说是一种持久的约束和激励自己的过程。他通过不断地反省和自我完善，最终成为一位品德高尚、深受人们敬仰的名臣。他的故事告诉我们，一个人只有懂得反省，不断审视自己的言行，才能及时发现并纠正错误，从而在人生的道路上坚定前行。

能够慎独

慎独是指在独处时也能保持自律和谨慎。这是修身的高级境界，也是个人品行的重要体现。慎独的人能够在无人监督的情况下，依然坚守自己的道德底线，不做违背良心和道德的事情。他们能够经受各种诱惑和考验，保持内心的纯净和高尚。

许衡是金末元初杰出的学者，在那个动荡时期的一次逃难中，他与众人一起经历了长时间的跋涉后，在炎炎烈日下，每个人都口渴难耐。

当他们来到河阳附近时，眼前出现了一棵硕果累累的梨树。众人欣喜若狂，纷纷争相攀爬摘梨，想要解渴，只有许衡一人静静地坐在树下。

有人好奇地问他为何不去摘梨，许衡坚定地回答说：“这梨并非我所有，我岂能随意摘取？”那人笑着说：“现在时局混乱，这梨树的主人早已不知去向，你又何必如此拘谨？”许衡听后，神色庄重地说：“梨树虽无主，但我心中难道也没有主吗？”

这番话让众人哑口无言。许衡的慎独精神在这一刻展现得淋漓尽致，他明白，即使在无人监督的情况下，也要坚守自己的道德底线，不做违背良心的事。这种自律和谨慎不仅是他个人品行的体现，更是他修身的高级境界，难怪他能成为一代大学者！

心胸宽容

心胸宽容是积德的重要途径。宽容是一种美德，它能够化解矛盾，消除怨恨，增进人与人之间的和谐与友爱。一个心胸宽容的人，能够采纳不同的意见和看法，尊重他人的权利和尊严，不轻易发怒或记仇，内心充满阳光和温暖，能够为自己和他人带来快乐和幸福。

娄师德是唐朝名相、名将，他以其宽广的胸怀和卓越的智慧而备受赞誉。有一次，他巡视并州，在驿馆用餐时发现自己吃的是精细的白米，而下属吃的是粗糙的黑米，便把驿长叫来责问。当得知驿长是因时间仓促而准备不周时，他不仅没有责怪，反而自责是他们来得太突然，导致驿长来不及准备，最后还与下属一同享用粗食。

娄师德的宽容不仅体现在对他人的体谅上，更体现在对家人的教诲中。当他的弟弟被任命为代州刺史时，他深知家族的荣耀可能招来嫉妒，便教导弟弟学会宽容。

弟弟回应说："今后即使有人吐我一脸口水，我也不会还嘴，还会把口水擦去，绝不让你担心。"

"这正是我担心的。"娄师德说，"人家朝你脸上吐口水，是发怒了。你把口水擦了，说明你不满，会使人家更加愤怒。你应该笑着接受，让唾沫自干。"

娄师德的宽容不仅让他赢得了下属的尊敬和爱戴，也为家族带来了和平与安宁。他的故事告诉我们，拥有宽广的胸怀和包容的心态，能让我们在人生的道路上走得更远、更稳健。

行善积德

行善是提升个人品行的根本方法。善行无大小，只要发自内心地去帮助他人，就是在积累德行。行善不仅能够帮助他人解决问题和困难，还能够让自己感受到内心的喜悦和满足。通过不断积累善行，我们可以培养出高尚的品格和道德情操，为自己的人生增添更多的光彩和价值。

南宋时期，在现今的江苏省常州市金坛区有一个名叫刘宰的人，出身于一个普通家庭，他从小就有着一颗善良的心，总是乐于助人。

长大后，刘宰通过科举考试成为一名官员，但他并没有因此忘记自己的初心，而是投入更多的精力和财力为民造福。他深知百姓的疾苦，因此经常出资帮助那些贫困的家庭，让他们能够渡过难关。

当时，权臣韩侂胄力主北伐，刘宰却认为在民用尚不足为继的情况下轻启战端，徒耗民力，因而反对北伐。在北伐失败后，他便辞官归乡了。

这一年，金坛地区发生了严重的饥荒，许多百姓都面临着饥饿的威胁。刘宰看到这一幕，心中十分难过，就创办粥局，为灾民提供救济。他不仅亲自监督粥局的运营，还经常与灾民交流，了解他们的需求和困难。在他的帮助下，许多灾民得以渡过难关，重拾生活希望。

除了创办粥局外，刘宰还设立了义仓和义役，为那些无地可耕、无处可居的百姓提供帮助。他的善行感动了当地百姓，许多人都将他视为救星和恩人，他去世时，朝廷为嘉奖其善行，赐谥号“文清”。如今，当地有一处著名景观“漫塘春水”，就是为了纪念刘宰，因为刘宰自号“漫塘病叟”。

刘宰用其一生的善行，诠释了什么是真正的积德行善。他虽为官员，却心系百姓，辞官后更是倾尽全力救济灾民。他的善举不仅造福了当地百姓，更影响了无数后人。让我们铭记刘宰的善行，传承他的精神，让善良与爱心在我们每个人心中流淌。

人生如一场修行，修身与积德并行不悖。时常反省，我们方能消除内心的瑕疵；慎独于心，我们方可守护道德的净土。心胸若宽广，怨恨自会烟消云散；行善不辍，则德行如日月之辉，照亮人间。愿我们以此修身积德，共绘人生绚烂画卷。

君子不器，方得大道

孔子说："君子不器。"意思是说君子不应像器具那样，作用仅仅限于某一方面。这句话传达了一种深刻的人生哲理。君子不应被固定的形式或功能所限，而应像水一样随方就圆，适应各种环境。只有这样，才能真正理解并把握世间的本质规律，悟得大道。这句话鼓励人们打破思维定式，不断学习和成长，以开放的心态面对生活中的挑战。

培养多元能力

在复杂多变的环境中，我们需要拥有一种独特的品质——多元能力。多元能力并非指简单地掌握多种技能，而是指在不同领域、不同情境中能够灵活应对，展现出卓越的适应性和创造力。它要求我们不拘泥于一成不变的规则和方法，而要善于从多个角度思考问题，寻找最佳解决方案。

管仲享有"华夏第一相"的美誉，他的多元能力不仅体现在政治和军事上，更展现在他对经济、农业、文化等各个领域的深刻理解和有效治理上。他明白一个国家的强盛需要多方面的支撑，因此他努力提升自己各个方面的能力，并将这些能力融会贯通，形成了独特的治国理念。正因为管仲具备多元能力，他才能够帮助齐国走向富强，完成“九合诸侯，一匡天下”的功绩，辅佐齐桓公进行内政外交的重大改革，使得齐国成为春秋第一霸主。同时，他提出的“仓廪实而知礼节，衣食足而知荣辱”思想，至今仍给人启发。

多元能力的培养需要我们具备广泛的知识储备和丰富的实践经验，更需要我们保持一颗永不满足、不断进取的心。只有这样，才能真正做到“不器”，在人生的道路上不断前行，实现自我超越和成长。

保持开放心态

“君子不器”也体现了一种开放的心态和持续学习的精神。世界在不断变化，知识在不断更新，因此，我们应当谦逊，始终对新知识、新技能保持好奇和渴望。

我们知道孔子是儒家鼻祖，老子是道家鼻祖，两家的学说差别很大，然而这不妨碍心态开放的孔子向老子求教。据说，孔子曾经到东周国都洛阳向守藏史（相当于现在的国家图书馆馆长）老子问礼。老子看到孔子不远千里而来，非常高兴。他们彻夜长谈后，老子带孔子去见了大夫苌弘。苌弘擅长音乐，教授孔子乐律。孔子还考察了国都的教育场所和祭祀礼仪，这让孔子深感震撼，受益匪浅。

逗留了几天后，孔子向老子辞行。老子送孔子到当时的宾馆外，说："我听说，富贵的人送人财物，仁义的人送人良言。我既不富也不贵，没有财物可以送给你，但我愿意用几句话来为你送行。在现在的社会中，聪明而有洞察力的人常常因为喜欢讥讽别人的错误而陷入困境，甚至濒临死亡；善辩而通达的人因为喜欢宣扬别人的恶行而频繁地招惹灾祸。希望你能够留意。"

孔子回到鲁国后，弟子们纷纷问他："先生，您去拜访老子，见到他了吗？"孔子回答："见到了！"弟子们又问："老子是个什么样的人呢？"孔子说："鸟，我知道它能飞；鱼，我知道它能游；兽，我知道它能跑。跑的可以用网去捕捉，游的可以用钩子去钓，飞的可以用箭去射。至于龙，我就不知道了，龙能够乘风云飞到天上去！我见到的老子，他就像一条龙啊，学识渊深而难以揣测，志趣高远而难以知晓。他能像蛇一样随时屈伸，像龙一样应时变化。"

孔子的伟大之处不仅在于他的学识和思想，也在于他始终保持开放的心态和持续学习的精神。他向老子问礼，这不仅体现了他的谦逊和好学，更展现了他对知识的尊重和追求。正因为孔子能够保持开放的心态，他才能够不断吸收新知识、新思想，最终形成了自己独特的儒家思想体系。

"君子不器"不仅是一种人生态度，更是一种追求真理、不断学习的精神。这种学习态度使我们能够不断超越自己，实现自我成长和突破。同时，通过广泛学习和实践，我们更有可能领悟到“大道”的精髓，成为真正的智者。

强烈的责任感

“君子不器”的理念还体现了强烈的社会责任感。君子不仅要关注自身的成长，也要致力于为社会的进步贡献自己的力量。单一的技能或角色无法满足社会的多元化需求，因此，需要努力提升自己的综合素质和能力，以便更好地为社会服务。

诸葛亮是三国时期蜀汉的丞相，他之所以备受后人尊崇，不仅是因为他才智过人，更是因为他展现了君子应有的强烈社会责任感。

他以民为本，注重发展农业，提高人民的生活水平。他亲自过问农田水利，推广先进的农业技术，使得蜀汉的农业生产能力得到了显著提升。同时，他还注重文化教育，为蜀汉的长远发展奠定了坚实的基础。

在军事上，诸葛亮更是以国家安危为己任。他多次带兵出征，平息叛乱，保卫蜀汉的领土和主权。他的北伐虽然未能成功，但他“鞠躬尽瘁，死而后已”的为国为民精神和强烈的社会责任感深深地感染了后人。

由此可见，君子要想悟得大道，不仅要有才华和智慧，更要有社会责任感。只有这样，才能真正做到“不器”，成为“大器”。

从管仲的多元能力、孔子的开放心态，到诸葛亮的强烈社会责任感，我们看到了“君子不器”的生动体现。他们的故事告诉我们，真正的君子如同流水，随遇而安，不拘一格，能以开放的心态拥抱多变的世界，以多元的能力与强烈的社会责任感应对挑战。在追求大道的道路上，他们不仅实现自我成长，也引领时代前行。对于我们而言，“君子不器”是一种理念，更是一种行动指南，激励我们不断超越自我，追求更高的目标，走向更广阔的天地。

迟花慢发，大器晚成

“大器晚成”出自《道德经》，意指大的器物需要长时间才能完成。在人生中，比喻有卓越才能的人，往往到很晚才取得瞩目的成就，强调耐心与坚持的重要性。一块璞玉需经受漫长时光的打磨，方能光芒四射。只有耐得住岁月的磨炼，才能最终一展才华，成就非凡事业。

坚持长期主义

长期主义强调持续、稳定地朝着目标前进，不受短期诱惑和波动的干扰。这需要坚定的信念和强大的自律精神。只有持之以恒地付出努力，才能不断进步，集小成为大成。

出自《列子·汤问》的寓言“愚公移山”中的愚公，就是一位坚持长期主义的典型人物。太行、王屋两座大山挡住了愚公一家人出行的道路，年近九旬的愚公决定移走这两座大山，于是，他率领儿孙凿石头、挖土块，将石头和土用箕畚运到渤海边上。

智叟看到后讥笑愚公，说："你简直太愚蠢了！就凭你残余的岁月和剩下的力气，连山上的一棵草都动不了，又能把沙石怎么样呢？"愚公长叹说："你的思想真顽固，顽固得没法开窍。即使我死了，还有儿子；儿子又生孙子，孙子又生儿子；儿子又有儿子，儿子又有孙子；子子孙孙无穷无尽，可是山却不会增高加大，还怕挖不平吗？"智叟哑口无言。

山神听说了这件事，向天帝报告了。天帝被愚公的诚心感动，命令大力神夸娥氏的两个儿子背走了那两座大山。

这就是愚公移山的故事，它告诉我们：坚持长期主义的力量是无穷的。愚公虽然年老力衰，但他有着坚定的信念和毫不动摇的决心。他知道，移山不是一朝一夕能完成的事情，需要一代又一代人的努力，但他没有退缩，没有放弃，而是选择了坚持。

在我们的生活中，有许多像愚公一样的人，他们不怕困难，不畏挫折，坚持不懈地追求自己的目标。他们知道，成功需要付出时间和耐心，需要一步一个脚印地向前走。正是这种长期主义的精神，让他们最终实现了自己的梦想。

积累经验与沉淀智慧

随着年龄的增长和阅历的丰富，个人在经验和智慧上的积累会逐渐转化为独特的优势。这种优势使得我们在处理复杂问题时更加得心应手，也就容易取得成功。

晋国公子重耳在年轻时，因为国内的政治动乱，被迫离开了故土，踏上了流亡之路。流亡的岁月长达19年之久，在这期间，重耳游历了多个国家，与各种各样的人打交道。他曾在荒野中露宿，曾经饿晕过去，也曾在异国他乡受到冷遇，但正是这些经历，让他对人性、对政治有了更为深刻的认识。每一次挫折与困境，都成了他积累经验和智慧的宝贵机会。

最终，在秦穆公的帮助下，重耳回到晋国即位为晋文公。他凭借自己19年流亡生涯积累的经验与沉淀的智慧，推行了一系列卓有成效的政策措施，使得国家日新月异，迅速变得强大，并在公元前632年的城濮之战中，大败强大的楚国，一战封神，成为春秋时期的第二位霸主。

重耳的故事成了后世的佳话。他的经历告诉我们：只有经过长时间的积累和沉淀，才能成就“大器晚成”的辉煌。这种积累和沉淀不仅仅是知识和技能的增加，更是对人生、对世界的深刻理解和感悟。

抓住机会并适时展现

对于“大器晚成”者来说，抓住机遇并适时展现自己的才能同样重要。有时候成功并不是一蹴而就的，而是需要长时间的准备和等待后的爆发。

我们都熟悉的姜子牙就是“大器晚成”的典范。他年轻时便怀有治国平天下的雄心壮志，然而时运不济，一直未能得到施展才华的机会。但他并没有因此放弃，而是继续修炼自己的学识和德行，默默地等待机遇的到来。

岁月如流，姜子牙的头发渐渐白了，但他内心的火焰却从未熄灭。终于，在他近八十岁时，他在渭水之滨“钓”到了周文王姬昌。两人一见如故，相谈甚欢。周文王被姜子牙的学识和见解所折服，认定他就是自己一直在寻找的辅佐之才。于是，姜子牙得以辅佐周文王，施展才智，后来更是辅佐周武王灭商建周。

“大器晚成”并不是一种无奈的选择，而是一种智慧的抉择。它告诉我们，在面对困境和挫折时，不要轻言放弃或急于求成，而要保持冷静和耐心，继续努力提升自己。只有这样，当机遇来临时，我们才能像姜子牙一样抓住它并展现出自己的真正实力。

“大器晚成”诠释了耐心与坚持的力量，告诫我们不要因人生早期的平淡而气馁。通过愚公移山、重耳流亡和姜子牙等待的典故，我们深刻理解了长期主义、经验积累与智慧沉淀以及抓住机遇的重要性。在人生的道路上，只要持之以恒地努力，我们最终就能绽放耀眼的光芒。

贰

纵横捭阖·人际交往篇

人际交往，如同在复杂的棋盘上布局行棋。纵横捭阖，意味着在交往中既要考虑自己的利益，也要顾及他人的感受。这并非简单的权谋之术，而是一种洞悉人心、互惠互利的智慧。在纷繁复杂的人际网络中，我们需要学会倾听、理解并尊重他人，以真诚和善意铺就交往的桥梁。通过这样的布局，我们不仅能收获和谐的人际关系，还能在互助合作中实现共赢。

内诚外信，立身之本

诚信，是心灵的明镜，映射出人格的纯净与高尚。它无须华丽的辞藻修饰，却自带光芒，照亮人性的幽暗角落。诚信是立人之基、处世之魂，它让信任编织成网，连接人与人之间的真挚情感。在纷繁复杂的世界中，唯有秉持诚信，方能行稳致远，赢得他人的尊重与信赖。

言行一致

诚信的人，其言语和行为始终保持一致。他们不会轻易做出承诺，但一旦做出承诺，就会全力以赴去履行承诺。他们深知信任是建立在言行一致的基础上的。因此，无论在何种情况下，他们都会让自己的行为与说过的话相匹配，绝不食言。

春秋时期，吴国有一位公子名叫季札。一次，他奉命出使他国，途中经过徐国，便前去拜访徐国国君。在交谈中，徐国国君对季札佩带的宝剑赞不绝口，虽然未曾开口索取，但季札已察觉到他心中的渴望。

然而，季札当时出使他国需要佩剑，因此并未立即将宝剑赠予徐国国君。但他却在心中默默许下了诺言：待我出使归来，必将此剑献于君前。

等到季札完成使命，再次经过徐国时，徐国国君已经去世。季札在悲痛之余，仍不忘当初暗自许下的承诺。他来到徐国国君的墓前祭奠一番后，郑重地将宝剑解下，悬挂在墓旁的树上，以此兑现自己的诺言。

季札的随从见状不解，问道："国君已故，公子何必将宝剑悬挂于此？"季札叹息道："我曾在心中许诺将此剑赠予国君，岂能因他去世而背信弃义？"

季札挂剑的典故，充分体现了他诚信与坚守诺言的精神，传颂至今，成为后人学习的榜样。他的故事告诉我们：诚信无价，言行一致方显人品高洁。

真实不欺

诚信的人对自己和他人都坦诚相待，不会说谎或故意隐瞒事实。他们明白，真诚是建立信任关系的基石，因此总是尽可能地提供准确的信息，即使这些信息可能会对自己不利。他们的诚实和不欺瞒让人们愿意相信他们，与他们建立深厚的关系。

唐代，有一位兵部员外郎名叫李约，一次，他乘船外出，在江边停泊时，被一位重病的商人请上了另一艘大船。商人自西北来，带着两个年幼的女儿到长安经商，却不幸病重，生命垂危。

商人深知自己时日无多，最放心不下的就是身边的巨万资财和两个女儿。他向李约坦言，自己的亲属远在万里之外，无法及时赶来，因此想将资财和女儿托付给李约。李约面对这突如其来的重托，并未轻易应承，而是郑重地告诉商人："能办到的事情我才会承诺，一旦承诺，就必定办到。"

商人请求再三，李约这才答应下来。商人去世后，李约信守承诺，将商人的资财封存好，交由官府保管，并按商人的托付为商人的女儿找到了合适的夫婿。

后来，商人的亲属赶来清理商人的财物。他们将商人的财物同账簿一一对照，发现少了一颗价值连城的宝珠。他们便看向李约委婉地说："用一颗宝珠酬谢李大人是应当的。"

李约没有辩解，而是让商人的亲属挖开了商人的坟墓。坟墓挖开，他们看到那颗宝珠含在商人嘴里。

原来，商人在临终前，请求李约将宝珠放入自己口中，为防盗墓贼，勿使任何人知道。李约答应了他并照办。

商人的亲属对李约的诚信深感敬佩。李约坦然地说："我答应他的事已经做到了。"他用行动诠释了"真实不欺"的品格，赢得了所有人的尊重和赞誉，他的心比那颗宝珠还闪亮。

一诺千金

一诺千金，寥寥四字，却重若千钧。承诺，是心灵的契约，是信誉的铸就。千金之诺，不单是言语的华丽，更是行动的坚决。它告诉我们，言出必行，行必果决，方显人品之高贵。一诺既出，驷马难追，这便是千金之诺的分量与荣耀。

晋朝，有两位读书人，朱晖和陈揖，他们的友情深厚无比。然而，陈揖突然身患重病，生命垂危，他唯一的牵挂就是已有身孕的妻子和未出生的孩子。

在病榻前，陈揖含泪对朱晖说："我死后，最放心不下的就是妻儿。我妻子已有身孕，若生男孩，我希望你能教导他，让他成为一个有学问的人。"

朱晖毫不犹豫地答应了陈揖的请求，他说："你放心，如果陈家得一男儿，我必定像对待自己的儿子一样，教他读书成才。"

陈揖去世后不久，他的妻子生下了一个男孩，取名陈友。朱晖信守诺言，自陈友懂事起，就开始教他读书习文，无微不至地关怀他。

多年后，陈友和朱晖的儿子朱骈都成了学识渊博的青年。当时，南阳太守司徒桓虞听闻了朱晖的人品和才学，有意提拔朱骈到府中任职。

然而，朱晖却向太守推荐了陈友。他说："大人厚爱，朱晖深为感激。小儿朱骈无才寡德，难担重任。书生陈友，家贫为学，才识过人，请大人召见！”

太守钦佩朱晖的举贤不举亲，于是召见了陈友，并委任他为府中文案小吏。朱晖信守诺言、照顾并提携亡友之子的事迹也传遍了四方，人们纷纷赞扬他是守信笃义的“千古良朋”。朱晖用自己的行动诠释了承诺的分量，真正是一诺千金啊！

勇于担责

当出现问题或错误时，诚信的人不会逃避责任或将责任推卸给他人。他们会勇敢地站出来承认错误，并承担相应的后果。他们深知，责任是成长的阶梯，也是维护信任的关键。因此，他们总是以积极的态度去面对问题，努力寻求解决方案。

三国时期，有两位名士，华歆和王朗，他们一同乘船逃避强盗的追捕。途中，有一人急欲搭船同行，华歆初时犹豫，但王朗却主张救人一命，华歆只好同意。

然而，不久后强盗追至，船速因多载一人而减缓。王朗心生恐惧，竟想将那人丢下船以自保。此刻，华歆挺身而出，坚决反对。他坦言，自己最初不同意搭救，正是担忧此等情境，但既然已收容此人，便不能因情势危急而背信弃义。

华歆的话让王朗羞愧难当，他意识到自己的自私和懦弱。最终，在华歆的坚持下，他们带着那个人继续逃亡。此事传开后，世人对华歆的勇气和担当赞誉有加，而王朗则因此事声誉受损。

华歆以自己的行动诠释了勇于担责的品质，他的勇气和担当不仅赢得了世人的尊敬，也为后人树立了榜样。我们应该向华歆学习，以积极的态度去面对问题，勇于承担责任，努力寻求解决方案。

诚信，是人之根本、世之珍宝。言行一致显品格，真实不欺筑信任，一诺千金铭誓言，勇于担责铸脊梁。愿我们都能手持诚信之灯，照亮人生之路，成就一番事业，共筑美好未来。诚信的力量春风化雨，滋润心田，让世间因诚信而更加美好。

尊重他人就是尊重自己

尊重，如镜子般映射人心，你给予的，终将收获；你尊重的，终将珍视。尊重不是单向的施舍，而是双向的馈赠，我们在尊重他人的同时，也在赢得他人的尊重。因为在这个世界上，每个人都是独一无二的存在，都值得被尊重、被珍视。尊重他人，就是尊重生命的多样性，也是尊重我们自己的价值。

产生情感认同

尊重他人有助于我们与他人建立起深厚的情谊。当我们尊重他人时，传递的是一种积极的能量，这能够激发对方的善意与共鸣，从而形成一种正向的情感互动。尊重他人会让他人感受到认同与价值，这有助于深化彼此的信任，使得关系更加稳固。当他人感受到我们的尊重时，他们更可能对我们产生认同感，进而形成一种默契与支持。

战国时期，中山国国君大宴士人，宴席上摆满珍馐美味，其中最珍贵的莫过于香醇的羊羹。然而，宴会上却发生了一件令人不快的事情，大夫司马子期竟然没有得到他的那一份羊羹。对于司马子期来说，这不单单是一次物质的缺失，更是一次对他尊严的严重冒犯。他的愤怒像野火一样在他心中蔓延，他决定离开这个国家，寻求报复。他来到了楚国，向楚王述说中山国的富饶与强盛，更重要的是他描述了中山国国君的傲慢与自大。他的话语中充满了对中山国国君的不满与怨恨，他希望楚王能够出兵攻打中山国，让他一雪前耻。

楚王被司马子期的言辞所打动，决定派兵进攻中山国。中山国虽然富饶，但国力并不强大。在楚国的猛烈攻势下，中山国很快就败下阵来。中山国国君被迫流亡，然而在他流亡的途中，却有两位勇士一直保护着他。他们向中山国国君表达了深深的敬意和感激之情。

原来，这两位勇士的父亲曾经在饥饿中几乎死去，是中山国国君赠予的一壶熟食救了他的性命。他们的父亲在临死前嘱咐他们一定要誓死报答中山国国君的恩情。如今，他们用自己的行动兑现了这一誓言。

中山国国君仰天长叹："给予别人东西不在于多少，而在于是不是在人家困难时给予；仇怨不在于深浅，而在于是否伤了人家的心。就像我，因为一杯羊羹而亡国，却因为一壶熟食而得到了两个勇士的拥戴。"

这个故事从正反两个方面告诉我们，尊重他人不仅仅是一种表面的礼节，更是一种情感的认同。当我们尊重他人时，我们也就赢得了他人的尊重和信任。

促进智慧成长

尊重他人是一种智慧。了解并接纳他人的不同，能帮助我们拓宽视野，学习到更多的知识与经验。尊重他人也是自我成长的一部分，通过尊重，我们能学会换位思考，更好地理解他人的处境与感受，进而使自己的心智更为成熟。

春秋时期，郑国的公子宋以他神奇的食指闻名，每次他的食指跳动都预示着美食的到来。一天早晨，公子宋和公子归生上朝时，他的食指再次跳动。他兴奋地对公子归生说："今天必有美味可享！"果不其然，他们听说楚人送来了一只大甲鱼，郑灵公准备与朝臣们共享。

然而，郑灵公对公子宋的神奇食指不以为然，反而有意嘲弄。当分发到公子宋时，甲鱼羹正好分完，郑灵公便带着戏谑的口吻问："你的食指还灵验吗？"公子宋并未退缩，他走到郑灵公座前，从郑灵公的碗中取了一块甲鱼肉，自信地说："我已经尝过甲鱼味，谁说不灵呢？"

郑灵公被公子宋的举动激怒了，他觉得自己的权威受到了挑战。尽管公子宋只是出于对美食的热爱，但郑灵公却认为这是一种不尊重甚至是挑衅的行为。从此，郑灵公对公子宋心生杀意，时刻寻找机会除掉他。

然而，公子宋并非等闲之辈，他察觉到了郑灵公的杀意，决定先发制人。最终，公子宋在一场精心策划的行动中成功击杀了郑灵公。

这个故事深刻地揭示了尊重他人的重要性。如果郑灵公能够尊重公子宋的独特能力，而不是当众做出戏弄公子宋的幼稚行为，那么这场悲剧就不会发生。尊重他人不仅是一种美德，更是一种智慧，它能够帮助我们避免不必要的冲突和灾难，让我们在人生的道路上走得更远、更稳。

实现和谐共赢

尊重他人有助于建立和谐的人际关系。当我们尊重他人时，减少了双方冲突与摩擦的可能，为合作与共事奠定了良好的基础。尊重他人是一种共赢的态度，当我们尊重他人时，其实也在传达一种开放与合作的信息，这有助于与他人达成共识，实现共同利益。

春秋时期，卫国是一个小国，依靠齐国的庇护才得以生存。卫惠公去世后，卫惠公之子姬赤继位，即卫懿公。他沉迷于玩乐，对养鹤情有独钟，不仅建造豪华的鹤舍，还给予鹤高官般的待遇——戴官帽、坐官车、享官禄。

卫懿公荒废朝政，引发百姓不满。大臣石祁子和宁速多次劝谏无果，深感国家将陷入危机。此时，北方山戎骚扰齐国边境，齐国准备反击，赤狄部落得知消息后，认为齐国消灭山戎后必将进攻赤狄，于是决定先发制人，攻打齐国。而要攻打齐国，必须先消灭卫国。

一天，卫懿公准备载鹤出游，却接到赤狄入侵的消息。他匆忙召集军队，但百姓无人应征，青壮年纷纷逃离。卫懿公质问百姓，百姓愤怒回应："你的鹤能保护国家吗？你只顾玩鹤，却要我们百姓为国效力？"卫懿公这才意识到自己的荒唐行为已导致民心尽失。

他急忙下令放飞鹤群，希望能挽回民心，然而，百姓已不再信任他，纷纷逃离卫国。最终，卫懿公被赤狄军队俘虏并杀死。

尊重他人是建立和谐人际关系不可或缺的要素，也是我们每个人应该秉持的价值观。卫懿公的悲剧深刻地警示我们，忽视他人的权益和感受，只会导致信任和支持的丧失，最终走向失败。因此，我们应该时刻牢记尊重他人的重要性，真心实意地对待他人。

上面三个历史故事都是因不尊重他人而结出的恶果，教训是深刻的。尊重是心灵的交响、情感的共鸣，它无须华丽的辞藻，只需真诚的行动。尊重待人，如同光明照亮暗夜，温暖每一个角落。在尊重的滋养下，我们将收获友谊之果、智慧之花以及和谐共赢的丰硕成果。

将心比心，换位思考

“将心比心，换位思考”是打开理解之门的钥匙，也是通往共情之境的桥梁。它教导我们跨越自我，用对方的视角去洞察世界，以包容的心态去体验不同的人生。唯有如此，我们才能在纷繁复杂的人际交往中，找到共鸣的旋律，奏出和谐的乐章。

多多理解

“将心比心，换位思考”首先是理解的一种表现。在人际交往中，我们常因立场、背景不同而产生误解。若我们能尝试站在对方的角度，用他们的眼光去看待问题，很多困惑和冲突便会迎刃而解。这种深入骨髓的理解，是建立深厚的人际关系不可或缺的基石。

唐朝时期，两位朝廷重臣陆贽和李吉甫因误会而结怨。当时权倾一时的陆贽，误信谗言，将李吉甫贬至明州。不久，陆贽自己也遭贬谪，被派至忠州。新任宰相看准了两人的矛盾，有意提拔李吉甫为忠州刺史，意图让他压制陆贽，进一步加深他们的矛盾。

然而，此时的李吉甫对陆贽多了一份理解、同情之心，展现了非凡的气度和智慧。他不计前嫌，上任之后主动找到陆贽，两人共饮一壶酒，谈笑风生，尽释前嫌。李吉甫的大度和陆贽的坦诚，让新任宰相的阴谋落空。

陆贽被李吉甫的宽容深深打动，他不再沉浸在过去的误会和怨恨中，而是积极为忠州的发展出谋划策。在李吉甫的领导下，两人携手合作，将忠州治理得井井有条，百姓安居乐业。

这个故事传遍了朝野，李吉甫的宽容和陆贽的坦诚赢得了人们的赞誉。他们用实际行动诠释了“将心比心，换位思考”的智慧，展现了在困境中依然能够携手并进的勇气和决心。

能够共情

“将心比心，换位思考”也是共情能力的一种体现，它让我们能够感受到他人的喜怒哀乐，体会到他们的不易和艰辛。当我们真正进入他人的世界时，我们便能发现每个人背后都有着自己的故事和难处，从而能更加包容和善待他人。

康熙年间，在朝中位居大学士的张英老家家宅与吴家相邻。在起房造屋时，因地界问题，两家人发生了激烈的争执，双方各执一词，互不相让。张家老夫人气愤之下，决定写信给远在北京的儿子张英，希望他能为家族出头，解决这场争端。

然而，张英收到家书后，并没有如母亲所愿动用权势去压制吴家。相反，他深深地体会到了邻里之间因琐事而起的纷争所带来的无谓伤害。于是，他挥毫泼墨，写下了一首诗来劝慰母亲："千里家书只为墙，让他三尺又何妨？万里长城今犹在，不见当年秦始皇。"这首诗寓意着争一时之气不如退一步海阔天空，功名利禄转瞬即逝，何必为了一堵墙而伤了和气。

张老夫人看到儿子的诗后，豁然开朗，主动将院墙退后三尺。吴家见状，被张英的气度所感染，惭愧不已，同样将院墙后移三尺。这样一来，两家之间就形成了一条六尺宽的巷道，被后人称为"六尺巷"，这件事成了一段传颂千古的佳话。

这段佳话不仅彰显了张英的宽宏大量，更体现了"将心比心，换位思考"的共情智慧。通过深入体会他人的处境，张英以诗化解了邻里纷争，赢得了双方的互相尊重与和解。这告诉我们，共情的力量能够弥合裂痕，让人际关系更加和谐美好。

善于沟通

"将心比心，换位思考"在沟通中起着至关重要的作用。很多时候，沟通的障碍源于我们过于执着于自己的观点，而忽视了对方的感受和需求。如果我们能够换位思考，便能更好地理解对方的立场和诉求，从而找到双方都能接受的解决方案，让沟通变得更加顺畅和有效。

春秋时期，晋国公子重耳因晋献公听信骊姬的谗言而被迫逃离晋国，开始了他的流亡生涯。晋献公与晋惠公担心重耳夺位，先后派宦官履鞮追杀，但重耳都幸运地逃脱了。多年后，重耳回国夺位，即位为晋文公，但他的生命安全仍然面临着威胁。

晋怀公的余党吕省、郤芮等人图谋不轨，计划将晋文公烧死在寝宫中。得知此事的履鞮，虽然曾两次奉命刺杀晋文公，这次却决定向晋文公告密，希望能得到赦免。然而，晋文公对履鞮的仇恨深重，不愿见他。履鞮并没有放弃，他理解晋文公的疑虑和愤怒，诚恳地说："我是个宦官，侍奉国君是我的职责，我曾因此得罪了您。但现在，我有重要的消息要告诉您，您却不愿见我，灾祸就要降临到您头上了。"

履鞮的话引起晋文公的深思，晋文公设身处地想了想履鞮当时的处境，觉得他说得有理，于是接见了他。履鞮向晋文公详细揭示了吕省、郤芮等人的阴谋，得知真相后，晋文公震惊不已，他立即采取行动，向秦穆公寻求庇护，并设下埋伏，一举歼灭了叛党。

这个故事中，晋文公的换位思考使他和履鞮之间建立了信任，也化解了一场生死危机，否则，履鞮无法获得赦免，晋文公也可能因此丧命。这证明了"将心比心，换位思考"在沟通中的重要作用。

化解矛盾

有时，化解矛盾需要双方“将心比心，换位思考”，通过平和、理性的方式解决双方之间的分歧或冲突，理解对方的立场和需求，寻求双方的共同点和妥协方案。化解矛盾不仅有助于维护和谐的人际关系，还能促进问题的根本解决，避免矛盾升级和扩大化。

一天，曹操的亲卫库吏在检查仓库时，惊恐地发现曹操珍爱的一副马鞍被老鼠咬出了洞。一时间，库吏陷入了极大的恐慌中，担心自己受到严惩，有性命之忧。

这时，曹操的儿子曹冲听到库吏的哭声，走进来询问情况。了解到事情原委后，曹冲没有责怪库吏，而是设身处地地想象库吏的处境，理解他的恐惧。

为了化解这场矛盾，曹冲决定采取行动。他回到自己的房间，故意用刀刺穿自己的衣服，使其看起来像是被老鼠咬过，然后，他面带忧色去见曹操。曹操见状，忙问其故。曹冲说：“人们都说，东西被老鼠咬了，主人会遭遇不幸。如今我的衣服被老鼠咬了，恐怕我身上将有不幸之事发生。”

曹操听后笑着安慰说：“命运掌握在自己手中，不要被这种迷信所困扰。只要你小心行事，就不会有事的。”

曹冲高兴地走开，让库吏去向曹操报告认错。听了库吏的报告，曹操想想曹冲的遭遇，宽容地说：“没关系，冲儿的衣服穿在身上都被老鼠咬了，何况放在库房内的东西呢？”

曹冲利用曹操的同理心化解了库吏的危机，能够设身处地地感受他人之难，用平和、理性的方式解决问题，避免了不必要的惩罚与冲突。这样的同理心与智慧，正是我们化解矛盾、维护和谐的关键所在。

“将心比心，换位思考”是构建和谐社会的润滑剂。在这个多元化的社会中，不同的人有着不同的价值观和生活方式。如果我们能够尊重彼此的差异，通过换位思考来理解和包容这些不同，那么我们的社会便能更加和谐、稳定地发展。这种以心换心的交往方式，是我们共同创造美好未来的重要途径。

种善因结善果

行善就如同在春天播种，虽然一开始我们看不到明显的回报，但只要持之以恒，必定会在秋天收获满满的果实。人生在世，我们应该把善良作为根本，用爱心去对待周围的一切，广结善缘。只有这样，我们才能得道多助，收获内心的宁静与外在的和谐，让生活更加美好。

勿以善小而不为

每一次微小的善举，都像是一颗种子，播撒在人生的田野上。这些种子虽小，却能在日后的岁月里生根发芽，绽放出美丽的花朵。因此，我们应该珍惜每一次行善的机会，无论大小，都要用心去做，去播种那些美好的种子。

范雎是魏国大夫须贾的门客，一次，他随须贾出使齐国，却被须贾怀疑出卖了魏国利益。回国后须贾将自己的怀疑告诉了魏相魏齐，魏齐对范雎严刑拷打，并极尽侮辱。范雎装死逃生，改名张禄逃到秦国，受到秦昭襄王赏识，成为秦相。

一日，魏王派须贾出使秦国，范雎得知后，穿上破旧的衣服去见须贾，须贾惊讶于他还活着，但是同情他的落魄，留他吃饭，还赠送他一件袍子。

席间，须贾提到秦相张禄，希望能通过他办事。范雎谎称自己认识张禄，愿意引见。他借来马车，亲自驾车带须贾前往相府。到达后，范雎让须贾在门口等待，自己进去通报。然而，须贾等了许久不见范雎出来，询问守门人才得知范雎就是秦相张禄。

须贾大惊失色，袒衣跪行向范雎请罪。范雎故意摆出盛大的排场才让须贾见他。须贾跪拜磕头，称自己犯了死罪。范雎问："你所犯下的罪有多少啊？"须贾答："擢发难数！"范雎说："你确实该死，但是念在你赠我袍子的情分上，我饶你一命。"

一件微不足道的袍子，在关键时刻救了须贾一命，也让我们明白，每一次微小的善举都可能在未来开花结果。因此，让我们珍视每一个行善的机会，无论多么微小，都用心去做，去播种美好的种子，也许有一天你会收获一个大大的善果。

得饶人处且饶人

在人际交往中，我们难免会遇到矛盾和冲突。如果我们能够学会宽容和谅解，就能化解许多不必要的纷争。饶恕别人的过错，不仅是对他人的善行，更是对自己的善待。因为宽容可以让我们的内心更加平和宁静，远离怨恨和烦恼。

秦穆公，春秋五霸之一。他钟爱一匹千里马，对其呵护备至。然而，一天因马夫疏忽，千里马逃至城外，被一群饥饿的百姓捕获并烹食。

马夫报告官吏后，官吏抓捕了这些百姓，报请秦穆公惩处。众人都认为这些百姓死罪难逃，但秦穆公却下令释放他们，并解释道："君子不能为了牲畜而害人。"他又补充说："我听说吃过马肉而不喝酒，对身体不好。送些酒给他们，让他们走吧！"

过了几年，晋国入侵秦国，秦穆公率军抵抗。战斗中，秦穆公被晋军包围，身上也受了伤。这时，有一队勇士突然冲过来，拼死冲杀，救出了秦穆公。原来，他们就是几年前吃掉秦穆公千里马的那群百姓，看到秦穆公有难，奋不顾身前来营救。

秦穆公的宽容和善意，不仅救了那些百姓，更在关键时刻救了自己一命。饶恕他人的过错，不仅是对他人的善意，也是对自己的善待。因为宽容可以带来内心的平和，也能在不经意间播下善因，日后收获善果。

恻隐之心不可无

当我们看到他人遭受苦难时，内心应该感到恻隐和同情。这种恻隐之心可以激发我们去帮助他人，减轻他们的痛苦。同时，恻隐之心也是人性的一种美好体现，它让我们更加关注弱势群体，促进社会的公平和正义。

春秋时期，晋国的魏颗没有听从其父生前让爱妾陪葬的嘱咐，而是将她嫁与他人。这一举动引起一些人的质疑，认为他不孝，但魏颗坚信自己的做法是正确的。后来，在一次与秦国的战斗中，一位老人用草绳帮助魏颗绊倒了敌将，使晋军大获全胜。事后得知，这位老人正是免于陪葬的那位爱妾的父亲，他这样做是为了报答魏颗的恩情。这就是“结草”的典故。

东汉时期，杨震的父亲杨宝曾救下一只受伤的黄雀，并精心照料它直至其恢复健康。黄雀飞走后的当夜，一名黄衣童子前来感谢杨宝，并赠予他四枚白玉环，预言杨家的后代将因此环的保佑而享有高官厚禄和清廉美名。果如黄衣童子所言，杨家的四代子孙都官至太尉，且都以清廉著称。这就是“衔环”的典故。

结草衔环的典故强调的是恻隐之心的重要性。无论是魏颗对父亲爱妾的同情，还是杨宝对黄雀的怜悯，都体现了人性中的善良和美好，而这种美好最终都得到了回报，无论是战场上的胜利还是家族的荣耀，都是对他们善行的肯定。

人行高处留后路

在人生的道路上，我们都会有追求更高目标的冲动。但是，在追求成功的同时，我们也要学会给自己留一条后路，这样，当我们在高处遇到困境时，就能有回旋的余地和退路可走。留后路不仅是一种智慧的选择，更是一种对自己负责的态度，这样做，我们可以更好地应对未来的挑战和变化，保护自己已经取得的成果。

战国时期，孟尝君被齐王拜为相国，养了多达三千名门客。为供养他们，孟尝君向封地薛地的百姓放高利贷，一年后，薛地收成欠佳，无人能还利息，孟尝君便寻人收债。

门客冯谖接下此任，临行前问孟尝君："债收齐后，买些什么东西回来？"孟尝君答："买我家里缺少的吧。"冯谖到了薛地，却当众烧掉借据，称这是孟尝君的赏赐。百姓为之感动，高呼万岁。

冯谖返回后，孟尝君询问买了何物。冯谖答："你宫中珍宝满堆，犬马良种无数，美人如云，唯一缺少的，是'义'。我便为你买回了'义'。"他解释，债主多是穷人，逼债只会让他们逃走，而烧掉借据能赢得民心。"我认为收回民心比收回利息更有用！"孟尝君只得无奈地说他目光远大。

不久，齐王听信谗言，罢免了孟尝君。门客纷纷离去，只有冯谖陪伴孟尝君。孟尝君返回薛地时，百姓夹道欢迎，孟尝君感慨："先生替我买的'义'，今天终于看到了。"

人行高处时，要为自己留后路。冯谖的智慧让孟尝君在失去权势后依然得到了百姓的拥护，保护了自己。留后路不仅是对自己的负责任，更是对未来可能出现的困境的预先应对，使我们能够顺利化解猝不及防的变故。

在生活中，微小的善举如同种子，播撒后终将开花结果。饶恕与恻隐之心，让我们的人生更加宽广，充满温暖与关怀。而在追求卓越的道路上，为自己留后路则是一种明智之举，它让我们更加从容不迫，以应对未知的挑战。种善因并不是为了图善果，而是因内心的善良与对美好的追求，无意中埋下了结出善果的种子。

赠人玫瑰，手有余香

“赠人玫瑰，手有余香”，这句话富含深意。它告诉我们，在给予时，我们也在收获，因为每一次慷慨的赠予，都会在我们的内心留下馥郁的芬芳。这份香气是善良的回响，也是心灵的馈赠。因此，真正的幸福不在于索取，而在于付出，因为付出本身就是一种难以言喻的快乐与满足。

心理上的满足

“赠人玫瑰，手有余香”体现了付出与收获的平衡。当我们赠送他人玫瑰时，内心的喜悦与满足感如同玫瑰的香味一般萦绕不散。这种正向的情绪反馈，强化了我们的付出行为，形成了积极的心理循环。

苏东坡在杭州做官时，受理了一宗拖欠货款的案件。有人告状说一名扇子商拖欠购绫绢的两万钱不肯偿还，苏东坡于是把扇子商召来问话。

扇子商坦言：“我家以制扇为生，因父亲去世花销不少，再加上连绵春雨，扇子滞销，实在无法偿还欠款。”

苏东坡听后，心生同情，说：“拿你的扇子来，我帮你卖。”

扇子送来后，苏东坡选了二十把白绢扇面的扇子，挥笔题字作画。完成后交给被告，嘱咐道：“拿到外面卖了还钱。”扇子商含泪感谢，抱着扇子走出府门。

扇子商出门不久，人们听说扇子上有大书画家苏东坡题写的书画，很快出高价抢购一空，有人甚至因未能购得而懊悔不已。扇子商因此还清了全部欠款。

苏东坡为自己的随手之举帮人解决了大难题而很是开心。这件事也很快在杭州甚至外地传为美谈，人们对苏东坡赞不绝口，更加喜爱了。

苏东坡用智慧和爱心帮助了扇子商，让他的扇子成了抢手货。这种付出不仅解决了被告的困境，也让苏东坡的内心充满了喜悦。

道德上的提升

在道德层面上，“赠人玫瑰，手有余香”体现了人类对于善良、慷慨和无私行为的崇尚。当我们选择赠送玫瑰，而不是保留给自己时，我们实际上是在践行一种高尚的道德标准。这种行为不仅提升了我们自身的道德境界，而且也能感染他人。

汉初的“兵仙”韩信，年轻时家境贫寒，不仅其才智不被人赏识，还被人质疑品行。由于既不会经商，又没有手艺，韩信只得寄人篱下，混吃混喝，忍受着他人的白眼与冷嘲。

一日，韩信来到淮阴城旁的河边垂钓，希望钓得一餐之食。他面容憔悴，饥饿难耐，这一切都被河边的一位漂母看在眼里。这位漂母，平日里靠着漂洗丝絮为生，虽然很辛苦，收入也很微薄，但她却有一颗善良的心。

她走到韩信身边，将自己带的饭食递给了他，而且一连几十天都这样。这天，韩信接过食物时，郑重地对漂母说："将来必定重重报答您。"漂母却淡淡地回答："大丈夫不能自食，我是可怜你才给你饭吃，哪里期望回报呢？"

后来，韩信功成名就，成为一代名将。他始终没有忘记那位曾经帮助过他的漂母。他赠千金给漂母，以此表达对她的感激之情。

这个故事在后世广为流传，人们为漂母建祠堂，宋代诗人金朋说在《漂母堂》一诗中赞叹道："恻隐殊无一念仁，谁能推食食王孙。纷纷天下奇男子，不及淮阴一妇人。"漂母的善举不仅帮助了韩信，也在道德层面上提升了自己的境界。她的行为成了后世的楷模，激励着无数人在困境中坚守善良与无私的品质。

社交上的和谐

在社交中，赠人玫瑰象征着传递善意与关爱。这种无私的给予行为有助于建立和谐的人际关系，促进社会的正向互动。

当善意在社会中流转时，每个人都可能成为受益者，从而共同营造出温馨、友善的社会环境。

东汉时期，荀巨伯远赴他乡探望重病的朋友。他刚到不久，朋友所在城池便遭到了异族敌人的围攻。

“我现在病重难行，你走吧，或许还能活命。”朋友脸色苍白地劝道。

荀巨伯却肃然回应：“我大老远来看你，你却叫我离开？这岂不是败坏道义而求生？我荀巨伯岂能如此！”他坚决留下来照顾朋友。

异族军队涌入城中后，惊讶地发现只有荀巨伯与友人还在。他们疑惑地问：“全城人都逃了，你们为何敢留下？”

荀巨伯坦然直视他们，说：“友人有难，我岂能舍他而去？要杀便杀我，放过他吧。”

这番话让这些异族人深受触动，其中一人叹道：“我等不义之人，竟侵入了此等义地。”于是，异族军队撤去，整座城也因此幸免于难。

荀巨伯的义举不仅救了他的朋友，更拯救了整座城池。在社交中，我们若能如荀巨伯般传递善意与关爱，坚守道义，便能建立和谐的人际关系，促进社会的正向互动。

赠人玫瑰是一种深情的表达，它能够拉近人与人之间的距离，增进彼此之间的感情。当我们把玫瑰赠予他人时，我们传递的不仅是花朵本身，更是我们的关心、爱意和尊重。这种情感的交流会在赠予者和接受者之间形成一条坚实的情感纽带。

严以律己，宽以待人

“严以律己，宽以待人”是一种可贵的处世哲学。它告诫我们要对自己严格要求，不放松对自己的约束，追求自我完善和进步。同时，对待他人要宽容大度，理解并尊重他人的差异和不足。这种态度不仅能够提升自身的修养，也能够促进人际关系的和谐，让我们的生活更加美好。

提升个人魅力，赢得尊重信任

“严以律己”如同磨刀石，砥砺我们的品格，使之更加光洁。它是对自我要求的坚守，也是不断追求更高境界的动力。当我们以高标准约束自己时，我们的个人魅力便如晨曦中的露珠，熠熠生辉。这样，我们自然能赢得他人的尊重与信任，因为我们的言行会透露出一种不可抗拒的力量。

元丰二年（公元 1079 年），苏轼调任湖州知州，然而由于宵小之徒的构陷，他被卷入了乌台诗案，在牢狱之中，他历经磨难，身心备受摧残。出狱后，他被贬到黄州，后来他又回朝任职。

某日，苏轼偶遇了当年对他严刑拷打的狱吏。那狱吏一见苏轼，脸上的肌肉不自觉地扭曲，流露出深深的惶恐与不安，担心苏轼对他进行打击报复。

苏轼看着他，心中涌起一股复杂的情绪。他并不想与这个小人计较，但他没有明说，而是当场编了一个寓言，来表达他的态度。

苏轼说："有一条毒蛇，因为咬死了人，被阎罗王判赔命。毒蛇哀求说：'我有蛇黄，可以治病，请饶我一命吧。'阎罗王证实后，赦免了它。不久，又有一头牛因用角抵死人而被阎罗王判死刑。它也哀求道：'我有牛黄，包治百病，请允许我将功折罪。'阎罗王同样放过了它。后来，又有一个作恶多端的人被抓来受审，阎罗王判他死刑，他大喊：'请放过我吧，我也有黄啊！'阎罗王怒斥道：'你肚子里有什么黄？'那人哭丧着脸说：'我有恐慌、惊惶。'"

苏轼讲的这个寓言让在场的人都哑口无言，那狱吏更是羞愧难当。他低下了头，不敢看苏轼的眼睛，灰溜溜地逃走了。

苏轼通过这个故事，既表达了他宽恕狱吏的态度，也展现了他的智慧和魅力，赢得了更多人的尊重和信任。

建立和谐关系，减少人际冲突

"宽以待人"是人际交往中的润滑剂，它让我们能够包容他人的不同，理解他人的难处。在纷繁复杂的人际关系中，如果我们能以一颗宽容之心去对待他人，那么许多矛盾和冲突都将化解于无形。这样的态度，如同春风细雨，滋润着人际关系的土壤，让和谐之花绽放。

东汉时期，班超的哥哥班固任校书郎，班超和母亲一起随哥哥来到了洛阳，班超开始替官府抄书，后来投笔从戎。

永平十六年（公元73年），班超接受朝廷派遣，出使西域各国，致力于联络各国与汉朝交好。然而，在这个过程中，他遭遇了来自同伴李邑的诽谤。

李邑上书朝廷中伤班超，说他只顾在外享福，拥妻抱子，不思中原。面对这样的诋毁，班超没有怀恨在心，而是叹息地说："圣人如曾子尚且被人误解，我还不如曾子，被人家说了坏话，恐怕难免见疑。"于是向朝廷上书申明情由。

汉章帝看到班超的信后相信班超的忠诚，下诏责备李邑，还命令他要接受班超的节制。班超没有公报私仇，而是不计前嫌，还派遣李邑护送回访大唐的乌孙使者回国，这一举动让所有人都感到意外。

有人不解地问班超："李邑毁谤将军，损害将军的名誉，为何就这样放他回去？"班超平静地回答："扣留李邑只会显得我气量狭小。让他回去，只要他为朝廷出力，我就不会计较他的过错。"

李邑听说后，对班超充满了感激与敬意，决心努力办好班超交付的事，不负所托。

班超的宽容不仅化解了其与李邑之间的矛盾，更在西域各国面前树立了汉朝使者的良好形象。他的故事传扬开来，赢得一片赞颂之声。这种“宽以待人”的态度，阻止了冲突的扩大，建立了和谐的人际关系。

增强团队凝聚力，实现共同目标

在团队中，“严以律己”是对自己职责的坚守，是对团队目标的执着追求；而“宽以待人”则是对团队成员的包容与理解，是对团队多样性的尊重。当我们都能以这样的态度去对待团队中的每一件事、每一个人时，团队的凝聚力便会如同磁铁般强大，吸引着每一个成员为共同的目标而努力奋斗。在这样的团队中，我们不仅能够实现个人的价值，更能够共同创造出属于团队的辉煌。

夏原吉是明朝的一位重臣，官至户部尚书。有一位名叫吕震的将军，曾在皇帝面前攻击夏原吉笑里藏刀，是个不能重用的小人，但夏原吉凭借自己的德行与才干受到重用。后来，吕震为儿子求官，恳请夏原吉替他在皇帝面前美言几句，夏原吉不计前嫌，实事求是地向皇帝介绍了他儿子的情况，还称赞吕震有守城之功。最终，吕震如愿以偿。

有一次，在户部办公时，夏原吉亲自抄写了一份重要公文，准备立即呈交明宣宗审阅。这份公文倾注了他整整一天的心血，每一个字都写得精细、考究，然而，就在他将公文交由一位吏员画押时，吏员不小心用墨迹弄污了文书。吏员吓得跪在院子中央等待惩罚，夏原吉看到被弄污的文书，心中虽然紧张，但他并没有责怪吏员，而是带着被污损的文书上朝面君。他诚恳地向明宣宗请罪："臣年老体迈，不慎将文书污损，来不及重抄一份，望陛下治罪！"明宣宗看到夏原吉的态度如此诚恳，便没有怪罪他。

夏原吉这样"宽以待人"，为他赢得了极好的官声。同僚大才子解缙赞他"有德有量"，明宣宗对他更是赞誉有加："此朕擎天柱也，天下付若等，朕高枕无忧矣。"

夏原吉的故事深刻地诠释了"严以律己，宽以待人"的团队合作之道。他以高尚的品德和卓越的才能赢得了同僚的尊重，更以宽广的胸怀包容团队成员的过失。这种精神不仅增强了团队的凝聚力，也为团队实现共同目标奠定了坚实的基础。

"严以律己，宽以待人"不仅是个人修身的法则，更是团队合作的精髓。通过严以律己，我们可以提升个人魅力，赢得尊重与信任；通过宽以待人，我们可以建立和谐的人际关系，减少人际冲突。在团队中，这种态度更是增强凝聚力、实现共同目标的关键。

和而不同，美美与共

君子和而不同，既坚持原则，又尊重多元。他们深知，世界因差异而精彩，思想因碰撞而升华。在交流中寻求共识，在共识中保留差异，这是君子的智慧，也是人际交往的艺术。真正的和谐，不是同声相应，而是各美其美，美美与共。

尊重多元性，不强求一致

“和而不同”首先强调的是对多元性的尊重。在人际交往中，每个人都有自己的观点、立场和价值观，君子能够认识到这种多元性的存在，并尊重他人的不同意见。他们不会强求他人与自己保持一致，而是尊重他人的选择和决定。

北宋时期，司马光和王安石同为朝廷重臣，但其政治立场截然不同，一位是坚定的保守派，另一位则是激进的改革派。然而，尽管他们在政治上针锋相对，却并不影响他们彼此间的尊重和友谊，真正体现了“和而不同”的君子之风。

王安石任参知政事，推行变法时，司马光极为反对，每当宋神宗咨询他们的意见时，两人都会毫不留情地批评对方的政策。然而，在私下里，他们却能够平和、理智地交流，彼此欣赏对方的才华和品格。

一次，宋神宗询问王安石对司马光的看法，王安石并没有因为司马光的政治立场与己不同而贬低他，反而称赞他是“国之栋梁”，对他的人品和能力给予了高度评价。

后来，风水轮流转，王安石因变法失败而被罢官。许多人趁机落井下石，向宋神宗告发他的过失。宋神宗征求司马光的意见，司马光并没有趁机报复，而是客观地评价了王安石的为人和政绩。他说：“王安石疾恶如仇，胸怀坦荡，忠心耿耿，有古君子之风。陛下万万不可听信谗言。”

宋神宗听完司马光的评价后，感慨地说：“卿等皆君子也！”他深知，这两人虽然政见不合，但都是出于公心。他们的“和而不同”正是君子之间应有的相处之道，即尊重多元性，不强求一致。

保留差异，寻求共识

在尊重多元性的基础上，“和而不同”还强调寻求共识的重要性。尽管存在差异和分歧，但君子能够通过交流和沟通，寻找共同点和共同利益。他们能够以开放的心态倾听他人的意见，并在全面考虑后做出明智的决策。这种寻求共识的过程有助于增进彼此之间的理解和信任，促进人际关系的和谐发展。

赤壁之战，是中国历史上著名的战役之一，这一战役中的孙刘联盟正是“和而不同”理念的生动体现。当时，曹操率领大军南下，意图一举统一江南。刘备与孙权虽然各自有着不同的利益和立场，但都深知曹操的野心对整个江南的威胁。

刘备，一直秉持着仁义之心，虽然势力较弱，但深得民心。孙权，年轻有为，继承父兄基业，拥有强大的水军，占据江东之地。两人之间，本存在着不少差异和分歧，但在大敌当前之际，他们选择了放下成见，共同对抗曹操。

经过多次的交流和沟通，刘备与孙权逐渐达成了共识。他们明白，只有联合起来，才能抵御曹操的进攻，保护各自的领土和子民。于是，在赤壁之战中，刘备与孙权携手并肩，共同策划了火攻之策，成功地击败了曹操的大军。

这场战役的胜利，保住了刘备和孙权的势力范围，促成了三足鼎立格局。他们在尊重彼此差异的基础上，通过交流和沟通，找到了共同的目标和利益，从而实现了合作共赢。

各美其美，共创美好

“美美与共”强调的是各美其美的理念。每个人都有自己的优点和特长，都有自己独特的价值和魅力。君子能够欣赏他人的优点和成就，并为他人的成功和幸福感到高兴，他们不会嫉妒或贬低他人，而是以一种积极、健康的心态与他人相处，这种共同创造美好的过程能够增进彼此之间的友谊和信任。

春秋时期，齐景公打猎归来，身边跟随着晏子和梁丘据。梁丘据的一番话深合齐景公之心，齐景公感叹道：“只有梁丘据与我和谐无比！”然而，晏子却提出了不同的见解。

晏子说：“梁丘据仅仅是与您的意见相同，这并不能称为真正的和谐。”齐景公好奇地追问：“和谐与相同，难道有所不同吗？”

晏子点点头，说：“和谐就如同做肉羹，需要用醋、酱、盐等各种调料来烹调鱼和肉，再经过厨工的精心调配，使各种味道恰到好处。如果味道不足，就增加调料；如果味道过重，就减少调料。君子享用这样的肉羹，可以平和心性。同样的，国君与臣下的关系也应该是和谐的。当国君认为某事可行时，其中也可能存在不可行的因素，臣下应该进言指出这些不可行的因素，使可行的部分更加完备；当国君认为某事不可行时，其中也可能存在可行的因素，臣下同样应该进言指出这些可行的因素，然后剔除不可行的因素。这样一来，政事就能平和而不违背礼法，百姓也就没有了反抗之心。”

齐景公听后恍然大悟，他明白了和谐并非简单的相同，而是包容差异。晏子的进言正是“各美其美”理念的体现，每个人都有自己独特的价值，只有相互尊重，才能共创美好的局面。

“和而不同，美美与共”，不仅是一种人际交往的智慧，更是君子品格的一种体现。在多元的世界中，我们尊重差异，寻求共识，各美其美，共同创造美好未来。让我们以开放的心态，拥抱差异，欣赏他人，共创和谐美好的明天。

和光同尘，与时舒卷

“和光同尘”是谦逊低调的处世哲学。在纷繁复杂的人际交往中，保持内心的平和与宁静，与人为善，和谐共处。“与时舒卷”是顺应时势的应变之道。识时务者为俊杰，随时代变化而调整自己，方能立于不败之地。二者相融，便是人际交往的至高境界。

学会包容，懂得适应

“和光同尘”体现了极大的包容性，意味着能够接纳和理解各种不同的人和事。这种包容性让我们不仅能够与他人和谐相处，还能够更好地适应不同的环境和情境。“与时舒卷”强调的是待人接物中的适应性，即能够根据时代的变化和人们的需求，灵活调整自己的交往方式和策略。这种适应性有助于我们更好地与他人建立联系，促进彼此之间的理解和合作。

春秋时期，管仲和鲍叔牙是好朋友。他们曾一起做生意，虽然管仲几乎没有出本钱，但在赚钱后，他却分得比鲍叔牙还多。有人为此不满，鲍叔牙却解释说："管仲家里困难，多拿点是应该的。"这种包容与理解，让人们无不感叹鲍叔牙的大度。

有一次，管仲和鲍叔牙一同参战，每当冲锋陷阵时，管仲总是躲在最后，这引来了众人的非议。然而，鲍叔牙却为他辩护说："管仲并非怕死，他是要留着性命回去照顾老母亲。"管仲得知后，深感鲍叔牙的理解与包容，他说："生我者父母，知我者鲍子也。"

后来，鲍叔牙和管仲分别辅佐齐国公子小白与公子纠，齐国发生内乱，鲍叔牙带着公子小白逃到莒国，而管仲则带着公子纠逃到鲁国。再后来，公子小白与公子纠回国争位，途中管仲企图用箭射杀公子小白，庆幸的是只射中了带钩，公子小白最后顺利登上了国君之位，是为齐桓公。齐桓公本想封鲍叔牙为相，鲍叔牙却向他推荐了更有才能的管仲，并为管仲的所作所为辩护。

齐桓公听从了鲍叔牙的建议，任命管仲为相。在管仲的治理下，齐国日益强盛，成为春秋时期的霸主之一。

鲍叔牙以包容之心对待管仲，不仅赢得了深厚的友谊，更让齐国因管仲的才智而强盛，成就了齐国的霸业。这正印证了"和光同尘"的包容性和"与时舒卷"的适应性在人际交往中的重要作用。

能够克制，富有智慧

“和光同尘”也可以理解为一种克制的态度，即在与他人交往时保持谦逊和低调，不轻易展露自己的锋芒。这种克制不是软弱，而是一种智慧，一种避免冲突和误解的策略。“与时舒卷”强调的是智慧在待人接物中的重要性，即能够运用智慧去判断他人的需求和意图，从而采取恰当的应对方式，建立起更加稳固和谐的人际关系。

战国时期，赵国意外获得了楚国的稀世珍宝——和氏璧。此消息一出，秦昭襄王便立即致信赵王，表示愿以十五座城池交换和氏璧。赵王陷入两难境地，与廉颇等大臣商议此事，生怕既失和氏璧又不得城池，或被秦国无端攻打。

这时，宦者令缪贤推荐了自己的门客蔺相如，于是蔺相如携和氏璧出使秦国。秦王在章台宫接见蔺相如，接过和氏璧后，却传给左右侍臣和姬妾观赏，毫无交换城池之意。

蔺相如见状，心生一计，不动声色地上前说：“和氏璧上有点小瑕疵，请允许我指给大王看。”秦王不疑有他，将和氏璧递给蔺相如。蔺相如接过和氏璧后，退后几步，靠柱而立，怒视秦王道：“秦国自恃强大，想以空话骗取和氏璧，这种行为实在令人不齿。赵王为了表示敬意，特地斋戒五日，派我奉和氏璧前来。然而大王却在一般的宫殿接见我，还将和氏璧传给姬妾观看，这是对我的极大侮辱。如果大王无意交换城池，我宁可与和氏璧同归于尽!”

说罢，他作势要撞向柱子。秦王大惊失色，连忙道歉并召来官员查看地图，承诺将十五座城池划归赵国。然而，蔺相如看出秦王只是在敷衍了事，他要求秦王也必须斋戒五日，并以“九宾”之礼接和氏璧，秦王无奈答应。在此期间，蔺相如却秘密派人将和氏璧送回赵国，最终，撕开了秦国企图夺和氏璧的丑恶嘴脸，保护和氏璧完整归赵。

面对秦王的傲慢和无理要求时，蔺相如一开始并没有直接发起冲突，而是采取了克制的态度，同时抓住秦王的心理弱点，用智慧和策略保护了赵国的利益。完璧归赵的故事告诉我们，在复杂的人际交往中，克制与智慧同样重要，它们能帮助我们建立起更加稳固和谐的关系。

保持内敛，心态开放

“和光同尘”表达了一种内敛的品质，即不张扬、不炫耀，注重倾听和理解他人的观点和感受。这种内敛不是封闭自我，而是一种内心的平静和谦逊。“与时舒卷”体现了开放的心态，即保持对他人的好奇和探索，愿意接受他人的意见和建议。这种开放心态有助于我们与他人建立更加深入和真诚的交流关系。

唐太宗是历史上以仁政著称的皇帝，他的朝堂上有一位特殊的大臣——魏徵。这位直言敢谏的臣子，多次让唐太宗面临尴尬，但正是这样的尴尬，彰显了唐太宗“保持内敛，心态开放”的治国智慧。

一日，唐太宗得了一只小鹞鹰，爱不释手，正在逗玩，见魏徵走来，他慌忙将鹞鹰藏入怀中。魏徵见状，故意长篇大论，拖延时间，待他离去，唐太宗取出鹞鹰，却发现它已被闷死。“唉，为了听取魏徵的谏言，我竟失去了心爱的鹞鹰。”唐太宗叹息道，从此再不玩鹞鹰。

又有一次，唐太宗欲前往终南山打猎。魏徵得知后，急忙赶往宫门口等候，可是等了半天，不见唐太宗出来，于是跑进宫去看，只见唐太宗全副猎装端坐着。魏徵不解，唐太宗笑着对他说：“我本来是要去打猎的，但听说你准备劝阻我，我就决定不去了。”魏徵闻言，含笑而退。

唐太宗身为领导，面对下属的批评，却能保持内敛，显出谦逊的态度；还能保持开放心态，倾听并接受对方的意见。这样的内敛与开放正是建立深入、真诚的交流关系的基石，也是成就他一代明君的重要品质。

“和光同尘”是智者的人生哲学，他们在纷繁世界中保持内心的平和，与世无争，却能洞察秋毫；“与时舒卷”是智者的处世之道，他们能顺应时势，灵活应变，总能立于不败之地。鲍叔牙、蔺相如、唐太宗等人，正是这样的智者，他们的人生智慧如同璀璨的明珠，指引我们在复杂的人际交往中保持谦逊、开放和包容的态度，书写属于自己的传奇人生。

叁

谈笑自若 · 口才谈吐篇

言谈展现的不仅是语言能力，更是内心的修养和智慧。谈笑自若是一种在任何场合都能自如表达、引人入胜的境界。良好的口才并非天花乱坠的夸夸其谈，而是言之有物、言之有序的艺术。通过精准的词汇、恰当的语调和有条理的逻辑，我们能够在谈笑间传递思想、沟通情感，甚至影响他人的决策。掌控语言，就掌控了与人交流的密码。

正话反说，令人警醒

正话反说是一种巧妙的语言艺术，它以反向的表达方式传递着深刻的内涵。乍听之下似乎有悖常理，实则深藏智慧之光。它以颠倒之语，点醒梦中人，让人在错愕中顿悟真谛。正话反说是思维的激荡，也是智慧的火花，它用别样的方式，让我们重新审视世界，领悟人生的奥秘。

避免直接冲突

正话反说能够避免直接冲突。它用迂回的方式表达观点，既不失礼貌，又能让对方在思考中领悟。这种说话艺术如春风细雨，润物无声，让人在和谐的氛围中接受不同的意见，从而实现有效沟通。

楚庄王喜爱一匹马，为它准备了最好的住所和饮食，然而，这匹娇贵的马儿未能适应王宫的生活，很快就生病死去了。楚庄王悲痛欲绝，下令要以大臣的葬礼规格来安葬它。众臣纷纷劝谏不可如此，楚庄王却怒斥："谁再敢来劝，我就杀了他为马陪葬！”

宫中的乐师优孟听说后，走进王宫，放声大哭。楚庄王见状，问：“你为何哭得如此伤心？”优孟说：“大王，我是为您的爱马而哭啊！它虽然是一匹马，却得到了大王如此的宠爱。可如今它死了，大王却只以大臣的葬礼规格来安葬，实在是委屈它了。依我看，应该以楚国君的葬礼规格才行！”

优孟的话让楚庄王听后觉得很合心意，问：“那你觉得应该怎么办呢？”优孟说：“请大王用白玉雕成棺材，用香木做好套棺；命善战的楚军将士去挖坟坑，让四方的百姓来搬石运土；请盟国的诸侯列队于前，令南方的国君执仪于后。这样一来，天下人都知道大王爱马胜过一切的，各国的诸侯对您就更尊敬了！”

楚庄王听着听着，就开始寻思：要是真的这样做了，后果难以设想，楚国丢尽脸面，尽失天下人心。于是他说：“这样太过分了，你认为该怎么处置呢？”优孟说：“用铜锅做棺材，用炉灶做套棺，用油盐葱姜上供，给它穿上火做的寿衣，埋在众人的肚子里，这才是最好的葬礼。”

楚庄王觉得有理，于是让优孟招来人，把这匹马煮熟分食了。

优孟巧妙地运用正话反说的艺术，不仅避免了与楚庄王的直接冲突，还成功引导他改变了荒诞的决定。这一智慧的策略提醒我们，在沟通中，有时迂回曲折的言辞比直接的批评更能达到目的，且能保持和谐的人际关系。

寓批评于赞扬之中

正话反说，是巧妙地将批评隐藏在赞扬之中。先给予对方肯定与赞美，再轻轻点出其不足，让对方在愉悦中自省，从而达到更好的改进效果。这种说话方式，如同苦口良药外的糖衣，既能治病救人，又能让人乐于接受。

优旃是秦朝的一位歌舞艺人，虽然个子矮小，但是机智幽默。一次，秦始皇在宫中摆设酒宴，正遇天下大雨，殿门外站岗的众多卫士都淋着雨，优旃见状，心生怜悯，对他们说："你们想休息吗？"卫士们说想。优旃说："等一下我叫你们，你们要立即回应我。"

优旃进殿向秦始皇祝酒后，他朝外大声喊："卫士！"卫士答："在。"优旃说："你们虽然长得高大，但有什么好处？只有幸露天淋雨。我虽然长得矮小，却有幸在殿内休息。"秦始皇听后受到触动，准许卫士减半值班，轮流接替。

秦始皇想扩大猎场，东至函谷关，西达雍县和陈仓。优旃拍掌叫好，说："还要多养一些禽兽在里面，敌人来侵犯时，就可以派麋鹿用角去抵住他们，从而击退敌人。"秦始皇听后觉得荒唐，于是就取消了扩大猎场的计划。

秦二世即位后，想用漆涂饰城墙，优旃说："太好啦！皇上您不说，我都想提议了。想想那涂完后的美景，真是让人陶醉；而且城墙变得漂亮光滑，敌人攻城都爬不上来呢！"

秦二世听后大笑，优旃继续说："不过，城墙涂漆虽容易，但要建一间足够大的房子让城墙阴干可就不容易了。毕竟，不能让城墙在太阳下晒干，那样会裂开的。"

秦二世虽然糊涂，但听后还是决定取消这个奢华而无用的工程。

优旃以他的机智和幽默，成功地将批评寓于赞扬之中，让君王在欢笑中领悟到其中的深意。他的言辞不仅巧妙地达到了劝谏的目的，更展示了良言的智慧和力量。优旃的故事教会我们，在沟通中运用智慧与策略，能让批评变得更加易于接受，从而实现更好的交流效果。

让对方意识到自己的荒谬

正话反说是通过反向表达，让对方在思考中意识到自己的荒谬。它用巧妙的言辞，引导对方从另一个角度看问题，从而发现自己的错误。这种说话策略如同智慧的镜子，让对方在反思中醒悟，实现自我修正与成长。

后唐庄宗热爱狩猎，常带领人马炫耀武功。金秋时节的一天，他率领骑士打猎，却不顾庄稼，任马践踏田地。老百姓怨声载道，县令赶来劝诫："启奏万岁，请命骑士们不要践踏庄稼，这是百姓的口粮。"然而，后唐庄宗大怒，欲斩县令。

优伶敬新磨急中生智，指着县令说："你这不知好歹的芝麻官，竟敢扫皇帝的兴，真是罪该万死。你不知皇帝最爱打猎吗？你应该把所有的田地都修成狩猎场，养上各种动物，供皇帝游乐打猎。而你却让老百姓种庄稼，让老百姓吃饱，让国家收税，这算得了什么？让皇帝游乐开心最重要！”

后唐庄宗越听越觉得自己要杀县令这件事很荒唐。于是说：“县令为百姓着想，赦你无罪。”

敬新磨的言辞巧妙如镜，让后唐庄宗在反思中意识到了自己的荒谬，他的智慧不仅救了县令一命，更让后唐庄宗明白了民心所向的重要性。正话反说的策略在此刻发挥了巨大的作用，达到了劝谏与引导的双重目的。

正话反说在迂回之间彰显了语言的魅力与智慧，既巧妙地避免了直接冲突，又深入触及了问题的核心。历史上那些善于运用正话反说的智者，用他们的智慧为我们指引了方向。让我们汲取这份智慧，学会在沟通中正话反说，让语言成为我们解决问题的有力工具，也成为我们与他人建立和谐关系的重要桥梁。

妙用比喻，让人会意

比喻如同点亮智慧的明灯，将复杂的事物化作简单的意象，让人在瞬间领悟其中的深意。比喻是语言的艺术，更是思维的翅膀，它让我们在文字的海洋中遨游，感受语言的魅力，领悟人生的哲理。

让说话生动形象

妙用比喻，如同画师挥毫，几笔便勾勒出栩栩如生的画面。它赋予抽象的概念以具体的形态，让语言之翼展开，飞翔在听者想象的天空中。比喻是语言的调色板，赋予言语以色彩与生命，使得每一次交流都仿佛是打开一幅生动的画卷。

春秋时期，晋灵公即位后贪图享乐，欲建九层高台以供游玩，引发众臣反对，然而，晋灵公以杀头为威胁，使得无人再敢进谏。这时，大夫荀息求见，当面演示叠起十二枚棋子，然后又在其上累加九个鸡蛋，引得晋灵公好奇观看。看到鸡蛋摇摇晃晃，晋灵公不禁大呼“危险”。

荀息趁机说："君上，建高台比这还危险呢！九层高台修建的这三年之内，您征调了全国的壮丁来服役，搅得男不得耕，女不得织，国库空虚，百姓流离失所。他国见我们国穷民寡，若发兵来吞并，晋国亡了，君上您怎么办？这不是比在棋子上摆鸡蛋更危险吗？"

这番话让晋灵公惊出一身冷汗，他连忙下令停止修建高台。

荀息以棋子叠鸡蛋为喻，生动形象地揭示了建九层高台的潜在危险，成功说服了晋灵公放弃荒唐之举。这不仅体现了荀息的智谋与胆识，更彰显了比喻这一修辞手法的巨大力量。用浅显的事物揭示深刻的道理，这是语言的魔法，也是智慧的结晶。

让人易于理解接受

比喻是理解的桥梁，它巧妙地将新知与旧识相连，为听者铺设了一条通往理解的捷径。无须繁复的解释，一个贴切的比喻便能让人恍然大悟。它如同智慧的钥匙，轻巧地打开了认知的大门，降低了思维的门槛。

在战国时期，赵、楚等六国联合对抗秦国。赵国派魏加到楚国会见春申君黄歇，讨论建立军事联盟一事。当得知春申君打算任命临武君为主将时，魏加心存疑虑，因临武君曾与秦国交战并大败。

魏加讲了一个故事："从前，魏国有个射手叫更赢，他箭术高超，百发百中。一天，他和魏王看到一只大雁飞来。更赢说，只需空拉弓，就能使大雁跌落。魏王不信，但更赢真的做到了。他解释说，这只雁曾受伤，飞得慢且叫声凄惨，说明它惊魂未定。所以，它一听到弓弦声就吓得飞高，结果伤口破裂，掉了下来。"

魏加接着说："临武君也是'惊弓之鸟'，他曾被秦国打败，心有余悸。命他担任主将，对抗秦国，恐怕不妥。"春申君听后，认为魏加的话很有道理，表示会重新考虑主将的人选。

这个故事通过"惊弓之鸟"的比喻，巧妙地传达了魏加对临武君担任主将的担忧。比喻使得复杂的军事问题变得易于理解，也让春申君能够更容易地接受魏加的意见。这充分展现了比喻在沟通中的重要作用，它能够降低理解的难度，让人更易于接受新的观点。

给人留下深刻印象

妙用比喻，如同在言语中嵌入了一颗颗璀璨的珍珠，让语言不再平淡无奇，而是充满了闪光点与记忆点。一个生动的比喻，往往能在人的脑海中留下长久的印记，如同一次深刻的心灵触动，让人难以忘怀。

三国时期，蜀国遭遇严重旱灾，刘备下令全国禁止酿酒以节约粮米，并规定拥有酿酒用具者与酿酒者同罚。民众对此颇有微词，但无人敢言。

一日，大夫简雍陪刘备出游。途中，简雍突然指着一对同行的男女说："这两个人犯了通奸罪，应抓起来问罪。"刘备疑惑地问："他们只是在一起走路，怎能按通奸罪论处？"简雍笑着回答："他俩都长着通奸的器官呀，难道不应该和通奸同样治罪吗？这和朝中规定的有着酿酒器具的人与酿酒的人同样治罪，是一样的性质呀！"

刘备听后大笑，顿时醒悟。他意识到这项法令过于苛刻，不应将拥有酿酒用具者与酿酒者等同视之。于是，他立即下令修改法令，只罚私自酿酒的人，对家中有酿酒器具的人不再追究。

简雍通过巧妙的类比，成功地说服了刘备修改法令。他的比喻不仅让人印象深刻，而且易于理解和接受。它像一颗璀璨的珍珠，镶嵌在言语中，让语言熠熠生辉。这个故事告诉我们，妙用比喻是沟通中的一大法宝，它能让我们的语言更具说服力、感染力和影响力。

比喻是智慧的火花，在语言的夜空中绽放光芒，照亮我们的思维之路，它化繁为简，生动易懂，深入人心。妙用比喻不仅能让我们的话语更具魅力，还能在听者心中留下不灭的印记。让我们在言语中巧妙运用比喻，开启智慧之门，架起心灵之桥。

借用寓言，婉转劝说

寓言如智者手中的魔法棒，以其独特的隐喻和象征，将复杂的真理巧妙地编织进简单的故事中。借用寓言，我们不仅能以婉转的方式传递深刻的见解，更能引导他人在思考中自我觉悟。

旁敲侧击，避免冲突

借用寓言，实则是智者的一种劝说艺术。寓言旁敲侧击，不直接触及敏感话题，却能在娓娓道来中传递深意。如此，既保留了对方的面子，又避免了不必要的冲突，真可谓一举两得。寓言之妙，在于其婉转含蓄，让人在无形中受到启发，从而达到劝说的目的。

魏王意欲攻打赵国，成就霸业，许多大臣直言表示反对，令魏王很恼火，魏王却依旧固执己见。出使在外的大夫季梁听说后，立即折返回来，他顾不得洗去身上的尘埃，直接谒见魏王。

季梁说："大王，今天我在回来的路上，遇见了一个怪人，正在乘车往北走，他告诉我说他想到楚国去。我就问他既然要到楚国去，为什么往北走呢。他说他的马匹好。我说马匹虽好，但这不是去楚国的路啊！他又说他的盘缠足。我说盘缠再多也到不了楚国啊，这不是去楚国的方向啊！他还说他的车夫善于赶车。我就说您的车夫赶车技术越好，您离楚国越远啊！"

魏王听后觉得很奇怪。季梁接着说："如今大王想出兵攻赵，所依仗的是魏国的国强、兵精、粮足，但无故攻打赵国只会遭到强烈反抗，离成为霸主的目标越来越远。这与那位想到楚国去却向北走的人不是一样的吗？"

魏王听后并未发怒，认为季梁说得有理，坦诚地表示自己太冲动了，当即取消了攻打赵国的计划。

季梁以"南辕北辙"这个寓言为媒介，巧妙地引导魏王放弃攻打赵国的计划，既避免了直接冲突，又让魏王心悦诚服。这启示我们在劝说他人时，应学会运用智慧，以委婉的方式传达自己的意图，从而达到更好的效果。

寓教于乐，引起兴趣

寓言的魅力在于其寓教于乐的特性，它将深刻的道理蕴藏于生动的故事中，让人在享受阅读的乐趣时，不知不觉间领悟生活的真谛。这种寓教于乐的方式，既避免了枯燥的说教，又能引起人们的浓厚兴趣，使劝说变得轻松而有效。

战国时期，楚将昭阳大败魏军，准备乘胜攻打齐国。楚军本就强大，再加上势头正盛，齐国不愿与之交战，希望通过谈判避免交战，但一时找不到合适的谈判人选。纵横家陈轸见状，表示愿意前往劝说。

陈轸见到楚将昭阳后问："按照楚国的制度，凭借攻魏的战功，您能够得到什么官爵？"昭阳说："官为上柱国，爵为上执珪。"陈轸问："还有比这更尊贵的吗？"昭阳说："那就只有令尹了。"陈轸说："楚国已有令尹了，不会再设置令尹。我在这里为您打个比方，可以吗？"昭阳点头同意。

陈轸说："楚国有个人在祭祀后，赏给门客们一卮酒。一个门客说：'这一卮酒不够几人喝，不如我们在地上画蛇，先画成的喝酒。'一人先把蛇画好，就用左手端起卮，右手又画着，说：'我还能给蛇添上脚。'蛇脚还没画好，另一人把蛇画好了，夺过卮说：'蛇是没脚的，你怎么能给蛇画脚呢？'于是就把酒喝了。"

听到这里，昭阳似有所悟。陈轸接着说："如今您大败魏国，已经扬大名，还会获重赏，再攻齐也不会获得更多封赏，反而可能因为损兵折将而受罚，甚至因为功高盖主而招来杀身之祸，就像画蛇添足一样！"昭阳认为他说得很有道理，于是撤军离去。

陈轸用"画蛇添足"的寓言成功劝说昭阳撤军，展示了寓言的独特魅力。寓言以生动有趣的故事情节吸引人们的注意，让人们在轻松愉悦的氛围中领悟深刻的道理。这提醒我们在劝说他人时，可以运用富有哲理的故事或寓言，以引起对方的兴趣，从而使对方更易接受自己的观点。

隐喻性强，耐人深思

寓言之所以深受人们喜爱，原因在于其隐喻性强、耐人深思。它往往通过象征、比喻等手法，将复杂的事物或道理缩成易于理解的故事，这些故事背后所蕴含的深刻寓意能引发人们无尽的思考和共鸣。正是这种隐喻性和深刻性，使得寓言在婉转劝说中发挥着无可替代的作用。

春秋时期，吴王想要攻打楚国，并且严令禁止任何人进谏。有一位舍人想要劝说吴王放弃攻打楚国的计划，但直接进谏可能会引来杀身之祸。于是，他每天在吴王的必经之路上，拿着弹弓装作打鸟的样子，最终他引起了吴王的注意。

吴王问："你在干什么呢？""我准备打一只黄雀。"舍人说，"同时看到这样一幕：一只蝉在专注地吸树汁，可它没有注意到身后的螳螂；而螳螂因为全神贯注地想要捕蝉，没注意到身后的黄雀；黄雀想要啄食螳螂，却没想到树下有人正拿着弹弓瞄准它。"

吴王听后，陷入了深思，意识到攻打楚国后，吴国可能会陷入类似的危险境地，于是放弃了攻打楚国的计划。

舍人通过"螳螂捕蝉，黄雀在后"的寓言成功阻止了吴王的伐楚计划，展现了寓言的深刻性和隐喻性。寓言用象征、比喻等手法将复杂的道理简单化、形象化，让人们在思考中领悟其深刻含义，从而达到良好的劝说效果。

寓言以其隐喻与象征，巧妙传递生活的智慧。在旁敲侧击、寓教于乐与隐喻深思中，寓言成为劝说的艺术，引导我们在领悟中前行。愿我们学会使用寓言，以智慧之光驱散他人心头的迷雾。

转移话题，避免尴尬

转移话题就是给对话换个“跑道”，避免大家陷入尴尬境地。这就像是个巧妙的魔术，一下子就能让气氛轻松起来。有时候，换个角度聊聊，不仅能解围，还能发现更多有趣的东西。所以，别小看这简单的一转，有时它在社交场上能解除大尴尬呢！

提问引导

提问引导就是在聊天时丢出一个问题，让对方跟着你的节奏走。一个好的问题能立马把对方的注意力吸引过来，尴尬的气氛自然就消散了。因此，提出一个巧妙的问题，如同抛出一个救生圈，不仅能缓和沉默的气氛，还能激起对方思考的兴趣。

春秋时期，越王勾践被吴王夫差打败，成了吴国的俘虏。在吴国，勾践受尽了屈辱和折磨，但他一直隐忍不发，寻找机会复仇。

几年后，吴王夫差认为勾践已经彻底臣服，便决定放他回越国。勾践回到越国后，卧薪尝胆，励精图治，准备一雪前耻。

一天，勾践在朝堂上召集文武百官，表达了自己的复仇宏愿。然而，许多官员认为不可以拿鸡蛋碰石头，还是见好就收，甚至有人提出了归顺吴国的建议。

这时，范蠡站了出来。他没有直接反驳那些投降派的观点，而是抛出一个问题："诸位大人，你们可曾想过，如果我们归顺了吴国，我们的子孙后代将会过上怎样的生活？"

这个问题一下子击中了在场所有人的内心。他们开始思考，如果归顺了吴国，不仅自己会失去尊严和自由，子孙后代也会永远沦为吴国的奴隶。这样的未来是他们无法接受的。

范蠡接着说道："我们越国虽然暂时处于困境中，但只要我们团结一心、奋发图强，就一定能够战胜吴国，重振越国的雄风！"

范蠡的这番话点燃了在场所有人的激情，他们纷纷表示要支持勾践，共同对抗吴国。从此以后，越国的民众团结一心、斗志昂扬，最终成功打败了吴国。

范蠡通过巧妙设问成功转移了话题的焦点，将官员们的注意力从向吴国投降的短视行为上转移到思考国家的长远利益和子孙后代的福祉上来。这不仅化解了尴尬的气氛，避免了直接的冲突和矛盾，还激发了众人的爱国热情，凝聚了人心，为越国的胜利奠定了坚实的基础。

引入新信息

在对话中引入新信息犹如清风拂面，可以为尴尬的对话带来一丝清新。它像是一把神奇的钥匙，打开了通往另一个世界的大门。新信息的介入，不仅能迅速转移焦点，还能为对话注入新的活力，将交流引入一个新的境地。

曹丕自称魏王后，马上派使者昼夜兼程赶到江东，宣布封孙权为吴王，加九锡。孙权派赵咨作为使者入魏回谢。

曹丕试图刁难赵咨，问他吴王是一位怎样的君主。赵咨机智地回答："是聪明、仁智、雄略之主。"曹丕不满，要求详细解释。赵咨便举了吴王用人的几个实例，如用鲁肃、吕蒙等，证明了吴王的聪明、仁厚、智慧和雄才谋略。

曹丕又问吴王是否有学问，赵咨没有直接回答，而是说："吴王选拔贤能，专心研究兴邦济国大计，一有空闲，便广泛阅读经书史籍。不过，他才不学那些迂腐的书呆子寻章摘句呢！"

曹丕继续挑战，问吴国是否能向外征伐。赵咨回答："大国有征伐的雄兵，小国也自有防御的良策。"

最后，曹丕开玩笑地问："吴国怕不怕魏国呢？"赵咨挺胸直视曹丕，回答："东吴有百万雄师，以宽阔的长江作护城河，还怕谁呢？"

曹丕对赵咨的应对能力非常佩服，最后问他吴国有多少像他这样的人才。赵咨自信地回答："聪明通达的人近百人，像我这样的人车载斗量，数不胜数。"

面对曹丕提出的尖锐问题，赵咨并没有直接简单回答，他总是引入新信息来转移话题，这些新信息既有效地回答了曹丕的问题，又展示了吴国的实力和吴王的英明。这种巧妙的应对方式不仅体现了赵咨的智慧和机敏，也让曹丕对吴国有了更深入的了解，不敢小瞧吴国。

幽默和调侃

幽默和调侃是社交场上的润滑剂，也是避免尴尬的利器。一句恰到好处的玩笑话，如同春风化雨，能轻松化解紧张的气氛。幽默是一种智慧，调侃是一种艺术，它们以轻松的方式转移话题，让尴尬瞬间烟消云散。

清朝乾隆年间，纪晓岚是乾隆皇帝身边的一位重臣，他学识渊博且机智过人。某日，乾隆皇帝设宴款待文武百官，席间气氛融洽，君臣共饮。

然而，在宴会进行到一半时，发生了一个小插曲。一位新上任的官员不慎将酒杯打翻在地，酒水洒了一地，场面一度十分尴尬。这位官员惊慌得不知所措，乾隆皇帝微微皱眉，面露不悦。

就在此时，纪晓岚站起身来，微笑着说："此乃吉兆啊！杯碎酒洒，不正寓意着岁岁平安、长长久久吗？"

乾隆皇帝听后哈哈大笑，连声称赞纪晓岚机智过人。其他官员也跟着附和，宴会的气氛重新变得热烈起来。

纪晓岚的机智调侃，不仅巧妙地转移了话题，更让在场众人感受到了轻松与欢笑。日常交流中，幽默地转移话题，能化解一个个尴尬瞬间，让交流变得更加流畅与愉悦。

在社交的舞台上，尴尬犹如突如其来的阴霾，但总有智慧之光能驱散阴霾。无论是范蠡的巧妙设问、赵咨的机智应对，还是纪晓岚的幽默调侃，都告诉我们：巧妙地转移话题是化解尴尬气氛的良药。让我们学会运用这种说话技巧，以从容的风度在社交中游刃有余，让尴尬的氛围消散。

偷换概念，巧妙应对

“偷换概念”是一种辩论策略，它在无形中改变着讨论的焦点。它像是一阵风，轻轻吹过，却让人在思维的迷宫中迷失方向。使用这种手法，有时能够巧妙地赢得辩论，但也会让人质疑其诚信与公正。因此，在运用“偷换概念”时，需审慎思考，保持讨论的清晰与真诚，避免陷入诡辩的泥潭。

模糊概念

模糊概念是“偷换概念”的常用手法之一，它故意将概念边界弄得模糊不清，使对方难以捉摸。在辩论中，模糊概念就像是一片迷雾，掩盖了真相，让人难以看清问题的本质。因此，面对模糊概念时，我们需要保持警惕，通过明确定义和澄清概念来揭示其真实面目。

庄子和惠施悠闲地在濠水的桥上散步。庄子看着水里的鱼，感叹地说：“鱼在水里游得多么悠闲自得，这就是鱼的快乐啊！”惠施听了之后，反问庄子：“你不是鱼，怎么知道鱼的快乐呢？”

庄子回应说：“你也不是我，怎么知道我不知道鱼的快乐呢？”惠施说：“我不是你，固然不知道你；你本来就不是鱼，你不知道鱼的快乐，这是完全可以确定的！”

庄子说：“请从我们最初的话题说起。你说‘你不是鱼，怎么知道鱼的快乐呢’，就说明您已经知道了我知道鱼快乐而问我。那么，我可以告诉你，我是在濠水的桥上知道的。”

这段对话中，庄子运用了模糊概念的手法。他没有直接解释自己如何知道鱼之乐，而是将问题转向了惠施如何知道他不知道。这种模糊使得庄子能够回避直接证明鱼之乐的难题，同时也让惠施无法再追问。庄子正是模糊了“知道”的概念边界，让惠施陷入了无法反驳的境地。

重新定义

“偷换概念”中的重新定义手法，是指在辩论中悄然改变某一概念的传统或普遍理解，从而为自己的观点找到依据。这种手法虽然具有一定的灵活性，但容易引发争议和误解。因此，在使用重新定义的手法时，我们需要充分考虑其合理性和可接受性，避免造成不必要的混淆和冲突。

在南北朝时期的南齐，王僧虔作为王羲之的第四世族孙，其楷书造诣极高，备受赞誉。齐太祖热爱书法，一日，君臣二人各写了楷书一幅。齐太祖紧盯着王僧虔，问：“你说，你我两人，谁为第一？”王僧虔心中忐忑，既不想自贬，也不愿得罪皇帝。

他灵机一动，恭敬地回答：“为臣之书法，人臣中第一；陛下之书法，皇帝中第一。”此言一出，齐太祖哈哈大笑，满意地点头。王僧虔长舒一口气，成功化解了这道难题。

王僧虔没有直接回答谁的书法更好，而是重新定义了“第一”的概念。在他的定义中，“第一”并非绝对实力的纵向比较，而是不同地位上的横向比较。这样，王僧虔既没有贬低自己，也没有得罪皇帝，展现了他的机智和应变能力。

转移焦点

转移焦点是“偷换概念”中的一个策略，它通过引导对方关注次要问题，从而避开核心争议。这种手法在辩论中具有一定的迷惑性，能够让人在不知不觉中偏离主题。然而，转移焦点并非长久之计，只有真正解决核心问题，才能取得实质性的进展。因此，在对方转移焦点时，我们需要保持清醒的头脑，坚持围绕核心问题展开讨论。

齐宣王爱乐，又对治国之道心存疑惑。孟子洞察其心理，不直接谈及治国，而是巧妙地将治国话题转移到音乐上。

“大王如果非常喜好音乐，那齐国恐怕就能治理得很不错了！”孟子提及音乐与治国之间的联系，成功吸引了齐宣王的注意。当齐宣王表示自己只是爱好世俗音乐时，孟子并未直接反驳，反而顺水推舟，进一步将焦点从音乐的种类转移到音乐的共享上。

孟子问齐宣王："一个人独自欣赏音乐，和与别人一起欣赏音乐，哪一种更快乐呢？"齐宣王说前者不如后者。

孟子接着问："与少数人一起欣赏音乐，和与多数人一起欣赏音乐，哪一种更快乐呢？"齐宣王再次肯定地回答说前者不如后者。

这段对话中，孟子通过提问引导齐宣王思考音乐共享的快乐，进而将话题逐渐引向"与民同乐"的治国理念。齐宣王的回答表明他认同音乐应该被共享，而不仅仅是个人的享受，这为孟子后续阐述"与民同乐"的重要性打下了基础。此时，孟子已成功地将齐宣王的关注点从个人爱好的层面提升到了治国理念的层面。

歧义用法

歧义用法是"偷换概念"中的一种巧妙手段，它利用词语或句子的多义性，使对方产生误解。在辩论中，歧义用法有时能够达到出奇制胜的效果，但也容易让人陷入语言的陷阱。因此，在使用歧义用法时，我们需要注重语言的准确性和清晰性，避免造成不必要的误解和争议。同时，我们也要学会识别对方的歧义用法，以免被其迷惑。

从前有一个张富翁重病卧床，他担忧女婿可能会为了财产加害自己的妻子和幼子张一飞，于是决定用一纸遗言保护他们。

他叫来女儿和女婿，严肃地说："我死后，财产归你们。但你们必须养活张一飞母子，不能让他们受苦。"说完，他递给他们一张纸条，上面写着："张一非吾子也家财尽与吾婿外人不得争夺。"

张富翁去世后，女婿继承了家产，有人为张一飞鸣不平。"我是遵照岳父大人的纸条执行的！"女婿指着张富翁留下的纸条念道，"张一非吾子也，家财尽与吾婿，外人不得争夺。"

就这样，张一飞在贫困中长大，直到有一天，他带着母亲回来争夺家产。双方争执不下，最终惊动了官府。

这时，一位巡视监察的官员介入了此事。他从张富翁女婿手里接过纸条，看后说："张富翁的真正意思是'张一飞吾子也，家财尽与，吾婿外人，不得争夺'，之所以将'飞'写作'非'，是因为儿子幼小，怕其会被女婿伤害而已。"

听到这个解释，女婿哑口无言。最终，在官员的调解下，张一飞得到了他应得的家产。

"偷换概念"中的歧义用法，在张富翁的遗产案中展现得淋漓尽致。一纸遗言因断句不同而引发巨大争议，这警示我们，在运用语言时要力求准确清晰，避免歧义，以免陷入不必要的纷争。同时，也应培养识别歧义的能力，以防被他人误导。

"偷换概念"是辩论中的巧妙手法，但使用时需要小心翼翼。无论是模糊概念、重新定义，还是转移焦点、利用歧义，这些都是思维的利器。不过，用得不好也容易伤到自己。所以，在辩论时，我们既要巧妙地运用这些技巧，也得防备着别被它们给绕进去。

绵里藏针，以柔克刚

绵里藏针是一种深藏不露的智慧。表面上看似柔和，却暗含锐利；看似退让，却富有力量，正如那柔软的柳条能抵抗狂风骤雨，潺潺流水能滴水穿石。在言语的交锋中，智者不以力胜，而以巧取；不凭刚强，而靠智慧。如此，智者能在谈笑间化解矛盾，于无声处听惊雷，达到四两拨千斤的妙效。

触动心灵

绵里藏针的语言在交流中不仅能传递信息，更能触动人心。它如同和煦的春风，轻轻拂过心田，却又能在心里深深扎根。这种技巧让对方感受到被尊重、被关心，从而使双方建立起深厚的信任关系。这种信任就像一座坚固的桥梁，连接着彼此的心灵，使意见或建议更容易被接受和采纳。

春秋时期，晋文公与秦穆公联手，对郑国形成夹击之势，在此之前，郑国有两件事得罪了晋国：一是晋文公当年逃亡路过郑国时，郑国没有以礼相待；二是在晋、楚城濮之战中，郑国曾出兵帮助楚国。晋国和秦国的军队虎视眈眈，郑国危在旦夕。

当此之际，郑国的佚之狐提议派烛之武去见秦穆公，希望以此化解危机。然而，烛之武却以年老力衰为由推辞。郑文公诚恳地表示：“我未能及时重用你，现在国家危急才来求你，这是我的过错。但郑国若亡，对你也不利。”烛之武被郑文公的诚意打动，决定担此重任。

夜晚，烛之武用绳子吊着自己从城上坠下，去见秦穆公。见到秦穆公，他并未直接请求秦军撤兵，而是巧妙地说：“秦、晋围攻郑国，郑国已知必亡。若郑国灭亡对秦国有益，您的部下要穿越他国来郑国设置边邑，您知道这很困难，为什么要灭掉郑国而给邻邦晋国增加土地呢？邻国实力增强，意味着秦国力量削弱。若不灭郑国，让它成为您东方道路上的主人，供应贵国使臣食宿，对您也无坏处。”秦穆公听后，陷入了沉思。

烛之武继续说道：“您曾对晋惠公有恩，他却背信弃义。晋国贪得无厌，既想以郑国为东疆，又想扩张西疆。您攻郑国是损害秦国而让晋国得利，望您三思。”秦穆公听后大为震动，最终决定与郑国结盟，并撤军回国，随即，晋国军队也撤离了郑国。

烛之武以绵里藏针之智，化解了郑国的危机。他的话语既传达了郑国的诚意，又巧妙地点明了秦国的利益所在，引发了秦穆公的深思。这种智慧的力量，不仅在于语言的巧妙，更在于对人心和局势的深刻洞察。烛之武的智慧，成了郑国的救命稻草，也给予我们宝贵的启示。

态度坚决

绵里藏针的语言在表达上既温和又坚决，它如同一把精细的手术刀，轻轻划过皮肤，却能直达病灶。这种技巧在传达意思时既不失礼貌，又能明确表达自己的态度和立场，它让对方明白，温和的外表下隐藏着坚定的决心和不容侵犯的底线。

明朝，在广州的海防线上，张嘉言作为朝廷命官，面临着一场哗变。总兵部下的士兵们从未出海服役，却一直享受着全额津贴，这引起了其他部队士兵的不满。当巡道将此事上报军门，并提出扣减总兵部下士兵的津贴以作为修船费用时，军门因与总兵有嫌隙，便草率地批准了此项提议。

消息一出，总兵部下的士兵群情激愤，将张嘉言的公堂团团围住。面对愤怒的士兵，张嘉言并未退缩，他命令士兵选出代表进入公堂说明情况。当士兵们一拥而上时，他厉声喝道："人多嘴杂，听不清楚！"士兵们被他的威严震慑，纷纷退下。

在雨中，张嘉言耐心听完了六名士兵代表的意见，他们抱怨过去从未有过扣减津贴的先例。张嘉言深吸一口气，缓缓说道："我理解你们的担忧，但你们从未出海服役，这是事实。如今上司决定扣减津贴，也是出于公平的考虑，你们若不想被扣减津贴，就要想想如何为海防做出贡献。"

张嘉言记下六人的名字后说："回去后告诉众人，此事我自会公平处理，叫他们不要闹事。如果再闹事，你们六人的姓名已经在案，上司会将你们斩首，以儆效尤！”六人听了大惊失色，连忙点头退出。

不久，上司下达的决议是：总兵的每位士兵每月扣减津贴一钱。决议公布后，没有一个士兵再闹事。

张嘉言面对哗变的士兵，以绵里藏针的态度坚决应对。他的话语既温和又坚决，既传达了理解又明确了立场。这种语言技巧的运用，不仅化解了危机，更让士兵们明白了公平与责任的重要性。张嘉言的智慧和勇气，成了广州海防线的稳定之锚。

引发思考

绵里藏针的话语不仅能传达信息，更能引发对方的思考，它如同将一颗种子，悄悄播撒在对方的心田，并使其生根发芽。这种技巧通过巧妙的引导和暗示，让对方在不知不觉中开始反思自己的观点和行为。这种思考过程是潜移默化的，能带来深远的影响，可能改变对方的态度，甚至改变对方的行为方式。

公元前 628 年，晋文公逝世。第二年，秦穆公派孟明视为大将，西乞术、白乙丙为副将，率领 300 辆兵车，前往偷袭倒向晋国的郑国。

弦高是郑国一个普通的贩牛商人。那天，他正好赶着一群牛去洛邑做买卖，却意外遇到了秦军。他发现秦军的意图后，心中暗自着急，他知道，如果秦军成功偷袭郑国，那么他的家乡将陷入战火之中。

弦高急中生智，决定冒充郑国的使臣，以此来破坏秦军的计划。秦军主将孟明视听说有郑国的使臣前来，感到十分惊讶，亲自接见了弦高，并询问他的来意。弦高镇定自若地说："我们的国君听说你们途经郑国，特地派我来送上一份微薄的礼物，犒劳贵军，表示我们的一点心意。"

说着，弦高献上了 4 张熟牛皮和 12 头肥牛。孟明视见状，认为偷袭的计划已经泄露，郑国已经做好迎战的充分准备，无奈之下，只好放弃了偷袭的念头。

弦高以绵里藏针的智慧，成功破坏了秦军的偷袭计划，他的话语看似简单，却暗藏玄机，引发了秦军的深思和疑虑。这种智慧的力量，不仅在于语言的巧妙，更在于对时局和人心的准确把握。弦高不仅用他的智慧保护了家乡免受战火侵袭，更成为以小博大、以智取胜的典范。

绵里藏针，以柔克刚，实乃人生之大智慧。烛之武、张嘉言、弦高，三位智者以巧妙之语化解危机，保护家国。他们的话语既如春风拂面，又如利剑出鞘，不仅温暖人心，还震撼灵魂。我们要培养这种智慧，学会在温和中坚定，在退让中前行，以智慧之光照亮人生之路。

请将不如激将

请将不如激将，这句话深含智慧与对人性的洞察。它告诉我们，单纯地请求和邀请，往往不如激发人的内在动力和决心来得有效。真正的激励，不是来自外界的推动，而是源于内心的火焰。点燃他人心中的热情，比任何命令或要求都更具力量。

人性本能的挑战欲望

人的内心深处往往有一种不服输的精神，当面对挑战或质疑时，这种本能会被激发，并产生强烈的反抗和证明自己的欲望。智者正是利用激将法，通过刺激对方的自尊心，使其主动接受挑战，从而改变原有的态度或行为。

唐朝末年，天下大乱，群雄并起。晋王李克用凭借强大的兵力，在山西一带建立了自己的势力范围。在一次战斗中，李克用麾下的十三太保李存孝生擒了叛臣朱全忠的大将高思继。高思继是一位身经百战的猛将，擅长使用飞刀，百步之内例无虚发。虽然李克用想要留他在帐前效力，但高思继执意要回山东老家过田园生活。

几年后，李存孝为奸臣所害，朱全忠听说后又发兵来犯，其帐前大将王彦章智勇双全，锐不可当。李克用的将士们都无力相对，无人敢出战迎敌。这时，李克用的义子李嗣源提议由自己去山东请高思继出山相助。

李嗣源来到山东后，直奔高家庄，他向高思继说明来意，但高思继却以过田园生活为由，拒绝了李嗣源的请求。李嗣源见状，知道必须用激将法才能激发高思继的挑战欲望。

于是，李嗣源故意说道："天下皆闻将军威名。我与王彦章交战被他打下阵来，于是我对他说：'我打不过你，不足为奇，你如是好汉，就暂且休战。我听说山东的高斯继有万夫莫当之勇。待我请来，与你对敌。'王彦章听我夸耀将军，轻蔑地说：'好，你去请吧，只要他敢来，我就要把他剁成肉酱！'"

高思继听了李嗣源的话，果然被激怒了，冲家丁大叫："快备白马银枪来，待我去生擒此贼！"随即披挂上马，离家赶往前线。

李嗣源见激将法成功，心中大喜。高思继来到前线后，凭借自己的勇猛和智谋，帮助李克用击败了朱全忠的军队。

李嗣源巧妙运用激将法，成功地点燃了高思继内心的挑战火焰。这个故事不仅展现了人性的本能欲望，更彰显了智慧的力量。高思继的相助，为李克用带来了胜利的曙光，也再次证明了"请将不如激将"的深刻道理。

逆反心理的巧妙运用

人们在收到指令或被强迫时，容易产生逆反心理，而激将法则是以一种相对隐晦的方式提出要求，让对方在不知不觉中进行反向思考，从而更容易接受劝说者的观点。这种方法的巧妙之处在于避开了直接对抗，减弱了对方的防御心理。

苏秦作为一位智谋过人的策士，成功地说服了赵国等东方六国，组建了合纵联盟，并担任赵国的国相。他深知秦国的威胁，就想寻觅一位能出使秦国的人才，说服秦国不与赵国为敌。这时，他想到了自己的老朋友——曾经的同窗张仪。

张仪曾与苏秦一同求学，二人关系颇为亲近，但这时张仪仍然默默无闻。苏秦决定派人引张仪前来，他相信张仪的能力，也希望张仪能得到更好的机会。

当张仪到来时，苏秦故意冷落张仪。他命令门人不要为张仪通报，让张仪在外面等候。等到接见时，苏秦高坐堂上，对张仪态度冷淡，并以粗茶淡饭相待。张仪恼怒至极，指责苏秦势利。苏秦笑道："你的才干在我之上，理应先出山，但你如此穷困潦倒，我若推荐你，只怕你连累了我。"

张仪气得浑身发抖，愤然离开苏秦的府邸，暗下决心，一定要有一番作为，报苏秦羞辱之仇。他知道要想报此仇，只有效力目前最为强大的秦国，但到秦国长路漫漫，而他身无分文，要通过秦国高官的门路见到秦王让其接受自己的主张，几乎不可能。

这时，苏秦的门客按照指示接近张仪，一路陪伴他，满足他所需。最终，张仪得以拜见秦惠王，并被任命为客卿。

张仪在秦国得到重用后，苏秦的门客向他透露了真相。苏秦曾对门客说："张仪是天下贤士，有掌握秦国大权之才，然而他现在贫困，没有进用的机会。我担心他为了小利，不再进取，所以才会召他来羞辱他，以激发他的斗志。"

张仪感慨万千，他感激苏秦的良苦用心，也感叹自己的愚钝。他向门客表示，只要苏秦当权，他绝不会对赵国有所图谋。

苏秦运用激将法，巧妙地触动了张仪的逆反心理，使他决心在逆境中崛起。张仪的奋发图强，不仅为自己赢得了尊重和地位，更体现了激将法在人才激励方面的重要作用。

情感共鸣的强化作用

激将法往往能够触动人们内心深处的情感，使被劝说者与劝说者产生共鸣。当劝说者的话语或行为激起对方的某种情感时，这种情感会迅速扩散，影响对方的判断和决策，在这种情况下，对方更容易被劝说者的观点打动，从而改变原有的立场。

建安十三年（公元 208 年），曹操大军压境，东吴岌岌可危。当时，主降派是张昭等一班谋士，主战派是都督周瑜等，而吴主孙权持观望态度，这让周瑜立场不坚定。蜀汉的诸葛亮明白，想要说服孙权抗曹，就要先坚定周瑜的抗曹决心。

在面对周瑜时，诸葛亮首先列举了曹操的“辉煌”战绩，而后话锋一转，说：“周将军若降曹，可保全妻子，享受荣华。”这番话让周瑜内心燃起了怒火。

对主和派提出的割地求和的主张，诸葛亮轻笑一声，说：“何用割地，只需献上两人，曹操必定退兵。”周瑜以为诸葛亮说的是献上孙权与自己，岂料诸葛亮却道：“只需将江东二乔献给曹操，便可解此危局。”周瑜闻言，更是怒火中烧，因为二乔分别是他的妻子和先主孙策的妻子。

诸葛亮见周瑜中计，继续加码：“曹操建铜雀台，欲收罗天下美女，二乔正是他的所求。”周瑜忍无可忍，破口大骂曹操。诸葛亮见状，继续火上浇油说：“将军何惜此二女，昔日天子尚以公主和亲。”

至此，周瑜被彻底激怒，誓言与曹操拼杀到底。诸葛亮心中暗喜，表面上却仍劝周瑜三思。这一过程中，诸葛亮层层进逼，最终让周瑜坚定了联刘抗曹的决心。

诸葛亮运用激将法，通过引起周瑜内心深处的情感共鸣，成功坚定了他抗曹的决心。这场情感与智慧的较量，不仅展现了诸葛亮高超的劝说策略，更彰显了情感共鸣在劝说中的强大力量。周瑜的怒火与决心，最终化为赤壁之战的熊熊烈火。

激将法如同悠扬的琴音，拨动人心，又如智者的慧语，点醒梦中人。激将法是巧妙利用人性本能与情感共鸣，让平庸变为卓越，让犹豫变为坚定。诚如所言，“请将不如激将”，激将之道，实乃人心之妙用，口才之奇招。

说得天花乱坠不及以情动人

纵使口若悬河，辞藻华丽，若话语无真情实感，亦如夜空中短暂的烟火，绚烂却难以留痕；若话语情深意切，哪怕只是简单的寥寥数语，亦能春风化雨，滋润人心。因为情感是沟通心灵的纽带，是打开心门的金钥匙。

引起情感共鸣

人类是情感动物，每个人都有自己的情感世界。当说话者用真挚的情感去表达时，听者很容易产生共鸣，产生相同的情感体验。这种共鸣使得信息更容易被接受和理解，从而提高了沟通的效果。

汉武帝刘彻自小由乳母带大，乳母对他的照顾无微不至。后来，刘彻即位为帝，但在乳母眼中，他仍是个孩子，依然处处照管他。对此，刘彻渐渐厌烦起来。一天，刘彻宴饮时多喝了几杯酒，回宫后，听到乳母唠唠叨叨，刘彻再也按捺不住心中的怒火，大喝："滚！你给我滚出宫去！"乳母闻言大惊，泪如雨下。

第二天，汉武帝依旧大怒不止，坚持要赶乳母走。乳母想到东方朔能言善辩，于是找到东方朔讲明原委。东方朔听后，决心帮助乳母，说：“明天你当着我的面去向天家辞行，走时，你回头多看天家几次，我就有办法了。”

第三天，东方朔在后花园陪汉武帝下棋，乳母背着包袱来向汉武帝辞行，汉武帝头也没回，不耐烦地挥手让她走。乳母心内一酸，流下泪来，一边回头看汉武帝，一边向外走去。

东方朔抬起头来，大声说：“你快走吧，天家现在已经不用你喂奶了，你还有什么放心不下的呢。”这话惊动了汉武帝，他抬起头，看到乳母正频频回头看自己，一副依依不舍的样子。

汉武帝一时大为感动，想起了乳母对自己的种种照料，连忙收回成命，让乳母留在宫中，派专人照顾。

情感的力量，往往能触动人心最柔软的地方。汉武帝与乳母的故事，深刻展示了情感共鸣在沟通中的重要作用，乳母的依依不舍，唤醒了汉武帝内心深处的感恩之情，使其的怒火瞬间消散。情感的共鸣让我们更加珍视彼此，让沟通变得更加真诚与深入。

打破心理防线

在人际交往中，人们往往会有一定的心理防线，对外界的信息会保持一定的警惕和防范。然而，情感的力量可以打破这种心理防线，让听者更愿意敞开心扉，接收说话者所传递的信息。

汉武帝时期，上官桀任未央厩令，负责喂养御用马匹。汉武帝靠骑兵横扫匈奴，对自己的马匹自然格外上心，对上官桀的工作要求极高。

有一年，汉武帝突然病重，整个皇宫都陷入了混乱。后来汉武帝康复，他在外出游玩时发现自己的马匹消瘦了许多，勃然大怒，立刻召来上官桀质问。面对天家的怒火，上官桀没有选择逃避或辩解，而是坦承自己疏忽了。

他说："天家，微臣知道这是大罪，但请听微臣解释。在天家病重的那些日子里，微臣日夜牵挂天家的龙体，无心他顾，对马匹疏于照料。微臣愿接受任何惩罚。"说到动情处，上官桀不禁泪流满面。

汉武帝看到上官桀的真诚和泪水，心中的怒火渐渐平息了，他感受到了上官桀的忠诚和担忧，也理解了他的疏忽。汉武帝没有惩罚上官桀，反而提拔他做了太仆令，让他负责更多马匹的管理工作。

这个故事告诉我们，在人际交往中，真诚的情感能够打破人的心理防线，实现人与人之间的真正沟通。我们面对他人的误解或怒火，不妨用真诚和泪水去感化对方，让彼此的心灵更加贴近。

增强信任感

真挚的情感表达如同心灵深处流淌的清泉，洗净了言辞的浮华，让听者触摸到那份源自内心的真诚与善意，从而产生信任感。信任是心灵的桥梁，连接着彼此的灵魂，也是建立深厚人际关系与实现有效沟通不可或缺的基石。

战国时期，赵国遭遇秦国的围攻，形势十分危急。当时执掌朝政的赵太后，疼爱自己的儿子长安君，不愿将其派往齐国做人质以换取齐国的救兵。众多大臣劝说，赵太后很是恼火，说："若有人再说让长安君去做人质，老身一定朝他脸上吐唾沫！"

这时，左师触龙前来拜见赵太后，他并未直接提及人质之事，而是从太后的身体健康入手，用温情脉脉的话语缓解紧张的气氛。

接着，触龙巧妙地提出让自己的儿子舒祺担任黑衣卫士的请求，引出太后对儿女的疼爱之情。触龙趁机说："父母真爱孩子，应该为他们作长远打算。"太后点头认同。

触龙进一步说到赵国的历史，揭示封侯子孙鲜有延续的现象。他强调："地位高而无功，俸禄厚而无劳，珍宝多而无用，这都是导致子孙衰败的原因。"太后震惊。触龙趁机指出长安君虽地位尊贵，却缺乏为国立功的机会，应让他趁此机会为国立功，以保未来。

太后深受触动，同意让长安君前往齐国做人质。随后，齐国出兵相助赵国，赵国得以解围。

触龙通过真挚的情感表达，让赵太后感受到了他的真诚和善意，从而对他产生了信任感。这种信任感为触龙劝说成功奠定了基础，也帮助赵国度过了危机。

情感的力量穿越时空，打动人心。这些历史故事，都展现了情感在沟通中的独特魅力。情感如春雨润物，无声却动人。它可打破心理防线，建立信任的桥梁，让沟通变得更加真诚、深入与高效。在纷繁复杂的人际交往中，我们要利用好情感的力量，用心去感受、去表达，让沟通因情感而变得更加顺畅。

肆

和睦相处 · 婚恋家庭篇

婚恋家庭中，和睦相处是幸福生活的基石。每个家庭成员都要用心去经营婚恋家庭关系。理解、包容和支持是构建和谐家庭的三大要素。我们可以通过换位思考、积极沟通和共同成长，在家庭中建立起深厚的信任和情感纽带，使每个家庭成员都能感受到被爱滋养，从而共同创造一个温馨的港湾。

相互尊重，留有空间

家庭和睦的基石是相互尊重。每个家庭成员都是独特的个体，拥有自己的思想、情感和需求，家庭成员间相互尊重意味着认可彼此的差异，不去强求改变，而是给予理解与接纳。同时，给予每个家庭成员自由呼吸、独立成长的空间，使他不被束缚和感到压抑。这样才能促进家庭和睦，让爱在其中自由流淌。

个性发展的独特性

每个家庭成员都有独特的个性和生活方式，相互尊重可以保护每个人的独特性，避免因为个性差异而产生冲突。留有空间不仅允许每个人自由地展现自我，还可以促进家庭成员的多样性和包容性的形成。

在南北朝时期，刘宋有一位名叫祖昌的官员，他不仅是土木工程的主管，更是一个懂得尊重个性的智者。他的儿子精通经书，但他的孙子祖冲之对经书不感兴趣，经常因此受到责备。

祖昌看在眼里，疼在心里。他认为，每个人都有自己的独特之处，不应该被强迫走别人的条路。于是，他将祖冲之带到工程现场，让他接触自然和建筑艺术。

祖冲之对自然和建筑充满了好奇和热情，尤其对天文学有浓厚的兴趣。祖昌鼓励孙儿培养自己的兴趣，引荐他结识了天文学家何承天。在何承天的指导下，祖冲之的天文学知识迅速增长。

最终，祖冲之凭借自己的努力和天赋，成为一位伟大的数学家、天文学家和发明家。

这个故事告诉我们，尊重个性发展的独特性至关重要。每个人都有自己的兴趣和天赋，只有得到足够的空间和支持，才能绽放出最耀眼的光芒。

情感需求的多样性

家庭成员在情感上有不同的需求和表达方式，相互尊重可以确保每个人的情感得到关注和满足，从而增强家庭成员之间的情感联系。留有空间则让每个人都有机会梳理自己的情感，维护自身的情感健康。

汉武帝时期，卓王孙家财万贯，是临邛城的首富。他心中最宝贵的是他的女儿卓文君。文君聪明伶俐，才情出众，但命运却让她成了一名寡妇，而她的内心仍然渴望着真挚的感情和幸福的生活。

当司马相如出现在卓家的宴席上时，文君被他的风采和琴声深深吸引了，她感受到了司马相如的才华和内心的情感，之后两人迅速坠入爱河。然而，卓王孙却坚决反对这门婚事，他认为司马相如太穷，无法给文君带来幸福。

文君却坚信自己的感情选择，决定跟随司马相如，无论贫穷还是富贵。她夜间逃出家中，与司马相如私奔，到了他的老家成都。这件事让卓王孙愤怒不已，扬言不会分给文君一分钱。

过了一段时间穷苦的日子，文君和司马相如商量后，一起坐车返回临邛，到了临邛，二人就把车马卖掉，买了闹市中的一个小酒坊，文君坐在垆前卖酒，而司马相如则身着围裙刷洗酒器。本县首富的女儿与女婿当垆卖酒，这引起了巨大轰动，人们纷纷前来围观。

卓王孙听说后深感耻辱，为此闭门不出。兄弟和长辈们轮番劝说他："你只有一男两女，并不缺钱！如今文君已经嫁给司马相如，司马相如虽然贫困，但有才能，还是可以托付的，何必这样轻辱他呢？"

卓王孙开始反思自己的偏见和固执：文君和司马相如之间的感情是真挚的，儿孙自有儿孙福，何必干涉太多呢。后来，他分给文君家奴百人，钱百万，以及她出嫁时的衣裳、被褥和财物。文君便与司马相如回到成都，置买田宅，过上了富人的生活。

后来，司马相如受到汉武帝的赏识，官至中郎将。卓王孙感慨自己把文君嫁给司马相如太晚了，便分给文君丰厚的财物，使她与哥哥所分得的一样多。

尊重家庭成员的情感需求非常重要。每个人都有权利追求自己的幸福，即使这个过程充满挑战和困难。我们只有尊重并理解彼此的选择，才能共同创造一个和谐而幸福的家庭。

独立成长的重要性

家庭成员需要独立成长和实现自我价值。相互尊重有利于个人追求自己的梦想和目标，提升个人的自信心和成就感。留有空间则为个人成长提供了必要的环境和资源，促进家庭成员的全面发展。

“亚圣”孟子幼时便失去了父亲，母亲靠纺织麻布维持生计。他从小便聪明伶俐，善于模仿，对周围的一切都充满了好奇心。

起初，孟子家住在墓地附近，他常模仿送葬队伍吹喇叭。孟母意识到这样的环境不利于孟子的成长，于是决定搬家，为孟子创造一个更有利于他成长的环境。

孟母将家搬到城里，住在市集旁边。继而，孟子对杀猪产生了浓厚兴趣，甚至开始学着杀猪。孟母再次意识到，这样的环境对孟子的成长也不利。她希望孟子能够独立思考，追求自己的梦想和目标，而不是被环境左右。

于是，孟母再次搬家。这次，她将家安在了学堂附近。在这里，孟子被琅琅读书声吸引，开始模仿学生们读书学习。他逐渐融入学堂，开始独立思考，学习知识和增长智慧。最终，孟子以孔子的思想为基础，建立了自己的思想体系，成了一位大思想家。

家庭成员需要成长并实现自我价值。孟母三次搬家，为他提供了一个良好的成长环境。同样，在家庭生活中，我们也应该尊重每个家庭成员的独立性和成长需求，给予他们足够的空间，支持他们追求自己的梦想和目标。

家庭是爱的港湾，更是彼此尊重与独立成长的乐园。每个家庭成员的独特性、情感需求和独立成长，都是家庭和睦的宝贵财富。我们要用爱与智慧，共同守护这片充满包容与自由的天地，让家成为我们永远的避风港。

坦诚沟通，理解包容

家庭中的坦诚沟通是和睦相处的润滑剂。通过真诚而开放的交流，我们能够了解彼此的想法、感受和需求，从而消除误解、增进理解。理解包容则是在沟通的基础上更进一步，以宽容的心态看待家人的不足和过错，不斤斤计较，不咄咄逼人。这样的沟通方式能够化解矛盾、缓解紧张，使家庭氛围更加和谐融洽。

释放情绪，缓解压力

家庭是一个情感交流的场所，每个成员都需要在这里释放自己的情绪和压力。坦诚沟通提供了一个安全的出口，让每个人都能够毫无保留地表达自己的喜怒哀乐，这种情绪的释放有助于缓解压力，加强家庭成员之间的情感联系。

清初，太原女子粉莲因受了丈夫李小牛的气而生病。李小牛遍寻名医，都未能治愈妻子的病痛，最后，他找到了精通医学的思想家、书画家傅山先生。

傅山先生听后，沉思片刻，说道："此病无须见面亦可治，只是我尚缺一味药引。"他吩咐李小牛去寻找一块鸡蛋大小的深色石头，用温火慢煎，等到石头煮软了再来拿药，并特别叮嘱："要人不离火，且不能让水干了。"

李小牛回到家，依言而行，但石头煎了许久仍不见软。粉莲在病榻上询问丈夫煎药的情况，得知详情后，她心中生疑，便让丈夫再去询问傅山先生。

李小牛找到傅山先生，问："药引怎么一点也不见软？"傅山先生反问："现在谁替你看火？""我妻子。"李小牛回答道。"她病已好啦！"傅山先生笑着说，"要治此病，首先得消气。她见你如此用心地煮石头，气已经消了。"

李小牛半信半疑地回到家，却见妻子已经病愈，正在忙碌着家务。他心中感慨万分，对傅山先生的医术更是佩服得五体投地。

家庭的和谐离不开每个成员的坦诚沟通和情绪释放。傅山先生以独特的疗法，化解了粉莲心中的积怨，将负面情绪化作云烟消散，让她重获健康与快乐。其实，真正的疗愈往往来自内心的释然与宽容，让我们珍惜家庭成员间的每一份情感，共同守护家庭的温馨与幸福。

增进理解，减少冲突

通过坦诚沟通，家庭成员能够更深入地了解彼此。这种了解不限于表面上的喜好和习惯，还包括深层次的价值观、信仰和期望。这种深入灵魂的了解有助于减少因误解而产生的冲突，让家庭氛围更加和谐。

明代有个孩子叫翟永龄，他的母亲是一位虔诚的佛教徒。每天，无论早晚，她总是不停地念着“阿弥陀佛”，希望得到佛祖的庇佑。然而，她的这种行为却让家人感到十分烦恼。

翟永龄看着母亲整日沉迷于念佛，心中十分担忧，决定找个机会和母亲好好沟通，希望能让她明白，过度的信仰并不能带来真正的幸福。

有一天，翟永龄见母亲又在灶间一边烧火一边念佛，便走过去轻声喊道：“妈妈。”母亲似乎没有听到，依然自顾自地念着“阿弥陀佛”。翟永龄提高了声音，再次喊道：“妈妈。”母亲这才不耐烦地应了一声，但依然没有停下念佛的节奏。

翟永龄并没有放弃，继续喊道：“妈妈，妈妈。”母亲终于生气了，责骂道：“你这么大声喊什么？我又不是聋的！”翟永龄趁机说道：“妈妈，您只不过被我叫了几声就不耐烦了。可是您想想看，您整天不停地念‘阿弥陀佛’，佛祖听了难道不会厌烦吗？”

母亲听了这话，一时愣住了，她从未想过这个问题，现在被儿子一提，心中不禁有些惊慌。她问：“佛祖真的会厌烦吗？”翟永龄点点头，母亲听了大惊失色，从此再也不敢整日不停地念佛了。

家庭中的理解，需要建立在坦诚沟通的基础上。通过真诚的交流，我们能够洞察彼此内心的需求和期望，从而减少因误解而产生的冲突。翟永龄正是通过坦诚沟通，成功引导母亲走出信仰的极端，让家庭重归和谐。这个故事启示我们，要善于沟通，让家庭成为彼此心灵的港湾。

宽容待人，化解矛盾

在沟通的基础上，理解包容是家庭和睦的更高境界。面对家人的不足和过错，我们要以宽容的心态去看待，不斤斤计较，不咄咄逼人。这种包容的态度能够化解矛盾，让家庭成员之间的关系更加融洽。

唐代郭子仪因扫平安史之乱，功绩卓越，成为朝廷重臣。唐代宗为表敬重，将心爱的升平公主许配给了郭子仪的儿子郭暧，然而，一个是将门虎子，另一个是金枝玉叶，两人经常发生口角。

一日，两人再次争吵。郭暧气愤之下，口不择言："皇帝有什么了不起！大唐江山是我父亲保住的！他若想当皇帝，早就当了！"公主听闻此言，大惊失色，立刻入宫向父皇告状。

唐代宗听闻后并未动怒，反而平静地说："你丈夫说的都是实情。如果郭子仪想当皇帝，天下早已易主。"他劝慰女儿要宽容待人，不要因一句话就治丈夫的罪。在父皇的劝解下，公主消了气，回到郭家。

郭子仪得知此事后，既愤怒又恐惧，立即将郭暧捆绑起来，送入宫中请罪。然而，唐代宗却毫不在意，笑着对郭子仪说："俗话说，'不痴不聋，不为家翁'。儿女们在闺房中的私语，我们何必当真呢？"

郭子仪听后一阵轻松，对唐代宗的宽容和大度深感敬佩。

唐代宗没有把儿女间的气话当真，显示了他的宽容与开明。在家庭相处中，宽容是一种无形的力量，它能够化解矛盾、弥合裂痕。面对家人的不足和过错，以宽容的心态去包容、去理解，能够让家庭氛围更加融洽。我们要学会用宽容对待家人，让家庭在爱与包容中愈加和谐美满。

言传身教，培养自主

家庭是孩子的第一所学校，父母是孩子的第一任老师。言传身教意味着父母要以身作则，用自己的言行来影响和教育孩子，同时，也要注重培养孩子的自主性和独立性，让他们学会独立思考、自主决策。这样的教育方式能够培养孩子的自信心和责任感，让他们未来更好地融入社会、实现自我价值。

以身作则，树立榜样

在家庭教育中，父母的一言一行都深刻影响着孩子，通过自身的行为为孩子树立榜样，是最直接且有效的教育方法。遵守交通规则、礼貌待人、勤奋工作等日常生活中的细节，都能潜移默化地引导孩子树立正确的价值观和养成良好的行为习惯。

曾子是孔子的得意门生，他非常重视家庭教育。有一天，他的妻子为了安抚哭闹的孩子，随口答应回家后杀猪给孩子吃，孩子信以为真，便停止了哭闹。曾子得知此事后，真的杀了猪，妻子责怪他太较真了，说她不过是哄孩子。然而，曾子严肃地说："孩子是不能被欺骗的。他们年幼无知，只会模仿父母的行为。你今天欺骗了他，以后他也会去欺骗别人，这样的危害是很大的！"

陶侃是晋代的名臣，年轻时家境贫寒，但他母亲湛氏从不放弃对他的严格教育。陶侃在浔阳县衙当管理鱼市的小吏时，让人给母亲捎去了一坛腌鱼。陶母拒绝了这份礼物，并写信责备陶侃说："你身为官吏，却将公家的东西拿来送给我，这不但对我无益，反而让我为你担忧。"母亲的话让陶侃深刻认识到自己的错误，再不敢以权谋私了。

曾子和陶母的教育方式虽然不同，但都以身作则，为孩子树立了榜样。他们的故事告诉我们：家庭教育不仅仅是父母言传身教，更需要父母用自己的行动去影响和感染孩子，只有这样，我们才能培养出具有高尚品格和良好习惯的下一代。

情感支持，强化自信

在孩子成长的道路上，父母的情感支持至关重要。无论孩子遇到什么困难和挫折，父母都应给予关爱和鼓励，帮助他们树立自信心。一个自信的孩子更有勇气面对挑战，也更愿意主动探索未知世界。

苏轼的母亲程夫人，是一位深明大义、教子有方的母亲。在苏轼十岁时，她给他讲述了《后汉书·范滂传》中的故事。

范滂是一个无私无畏、铁面无私的人，最终遭奸臣陷害而被判处极刑，在临刑前，范滂与母亲诀别，他的母亲深明大义，支持儿子舍生取义。听完这个故事，苏轼激动地问母亲："倘若我也要做一个范滂这样的人，您同意吗？"程夫人平静地回答："你如果能做范滂，我难道不能做范滂的母亲吗？"这句话深深地印在了苏轼的心中，成为他一生追求正义和真理的动力。

而另一位伟大的母亲——姚太夫人，则是用自己的方式激励儿子岳飞成为抗金英雄。金兵南侵，国家危在旦夕，岳飞决定投军抗金，临行前，姚太夫人把儿子叫到跟前，将"精忠报国"四个字刺在儿子的背上，让他永远铭记在心。在刺字的过程中，岳飞忍受着疼痛，一声不吭，因为他知道这是母亲在用自己的方式激励提醒他。从此，"精忠报国"四个字就永远地留在了岳飞的后背上，成为他一生践行的信念。

这两位伟大的母亲，用不同的方式，给予儿子无尽的情感支持和坚定的信念支撑。她们用自己的行动诠释了母爱的伟大和力量，也让我们更加深刻地认识到父母在孩子成长过程中的重要作用。

适度放手，鼓励独立

要培养孩子的自主性，父母需要学会适度放手，在安全可控的范围内，允许孩子自己做决策、承担责任，即使他们犯错也不要过分干预，这样，孩子才能在实践中学会独立思考和解决问题。

郑板桥是清代杰出的书画家，也是造福一方的朝廷官员。他 52 岁时得一子，取名小宝。郑板桥深知富家子弟的骄奢之弊，因此当在外任职，与家人分隔两地时，他频繁写信，殷殷嘱咐弟弟万不可溺爱小宝。

后来，郑板桥将小宝接到身边，亲自督导他的学业，不仅要求小宝每日背诵诗文，还让他了解生活的艰辛，参与家务劳动。

郑板桥临终前，仍不忘对小宝进行最后的教诲。他要求小宝亲手做馒头端到他床前，并留下遗言："流自己的汗，吃自己的饭，自己的事自己干，靠天靠人靠祖宗，不算是好汉。"

郑板桥是清代的书画巨匠，他的教子方法令人钦佩。他明白，父母之爱子，则为之计深远，因此，他适度放手，鼓励小宝独立，让其在实践中锻炼和成长。这种教育理念不仅培养了小宝的自立能力，更为其未来的人生道路奠定了坚实的基础。

家庭教育春风化雨，润物无声。曾子杀猪教子、陶母退鱼责子，诠释了言传身教的深远影响；苏母励子、岳母刺字，展现了情感支持的坚定力量；而郑板桥的教子之道，则昭示了适度放手、鼓励独立的智慧。在家庭教育中，父母都应成为孩子成长道路上的引路人，点亮他们前行的灯塔。

教子有方，家道恒昌

“教子有方，家道恒昌。”此言道出了家庭教育的真谛与家族繁荣的秘诀。教子有方，不单是知识的灌输，更在于品德的熏陶与性情的陶冶。家道恒昌，非一时的富贵，而是世代相传的文化底蕴与精神财富。唯有智慧之教，方能育出卓越之子，也唯有如此，家道方可长盛不衰。

居功不贪受敬重

居功不贪，方显高风亮节；受敬重者，皆淡泊名利。真正的智者，在成就辉煌之后，仍能守住内心的宁静与谦逊，不贪恋一时的荣耀与富贵。他们的品格与境界，如同高山，令人敬仰。

春秋时期，楚国有一位令尹名叫孙叔敖，他辅佐楚庄王治国理政，政绩卓著，被后人尊为楷模。他为楚国做出了巨大贡献，但未曾为儿子孙安谋取任何私利。

在临终之际，孙叔敖嘱咐儿子孙安回乡务农，远离官场纷争。他还特别提醒儿子，如果楚庄王坚持要赐封地，就选择贫瘠的寝丘，以此避免贪图富贵而招致祸端。

孙安谨遵父命，回乡后过着俭朴的生活，靠捡柴度日。有一天，孙安在街上偶遇楚庄王的宠臣优孟。优孟见孙安生活困顿，心中不忍，决定帮助孙安。

优孟回宫后，在楚庄王面前模仿孙叔敖的神态举止，引起了楚庄王对孙叔敖的怀念。楚庄王立刻召见孙安，并坚决要赐给孙安封地。孙安推辞不过，只好选择贫瘠的寝丘。

楚庄王听了孙安的请求，心中感慨万分。楚庄王意识到孙叔敖的清廉与高尚，更加敬重这位已故的贤臣。于是，楚庄王同意了孙安的请求，将寝丘赐给他做封地。孙安得到封地后，依然保持着俭朴的生活作风，不忘父亲的教诲。

孙叔敖的智慧，不仅在于治国理政，也在于教育子女。他淡泊名利，居功不贪，以高尚的品格赢得了世人的敬重。他的子孙受其影响，能坚守本心，远离纷争。此乃家教的成功，亦是国家的幸事。

留金不如结善缘

留金一时，光华易逝；结善缘者，福泽绵长。真正的智者懂得金钱虽宝贵，却难买人心与真情，而广结善缘，则是播种温暖与希望，让生命的旅途充满阳光。因此，我们应珍视每一份善缘，以真诚与善良去创造世间的美好。

汉宣帝时期，疏广是一位备受尊崇的太子太傅，他以广博的知识和出色的教育才能，成功地使太子在 12 岁时便深通《论语》和《孝经》。汉宣帝对此极为欣喜，对疏广更是敬重有加。然而，在荣誉的顶峰，疏广却选择与侄子太子少傅疏受一同辞官归乡，他们的离去在长安引起了轰动，送别的车辆有数百辆。

回到故乡，疏广慷慨地设宴款待族人和老友，甚至催促家人将钱财用于宴请。面对儿孙们对遗产的期盼，他深沉地说道："家中薄田，勤劳耕作便足以温饱，过多的财富只会滋生懒惰。对有才能的人，钱财过多会消磨他们的斗志；对愚蠢的人，钱财过多则会助长他们的过错。"他解释，从长安带回的金银是皇帝的恩赐，用于与族人和朋友分享，广结善缘，更有意义。

族人们被他的智慧折服，在他的引导下，过上了勤劳而满足的生活。历史记载，疏广的族人们都得以善终，这无疑是对疏广深远见识的最好印证。

疏广具有人生智慧，辞官归乡，散财结善。金钱易逝，善缘永存，疏广以真诚善良创造世间美好，福泽绵长，儿孙受其教诲，勤劳满足，得以善终。此乃人生大智慧，值得我们深思与学习。

位高不可无规矩

位高不可无规矩，权重更需守方圆。高位非随心所欲之地，而是责任与担当之所。规矩乃行事的准则，守之则家业兴，违之则祸害生。唯有心中悬规矩之镜，行止有度，方能立身于不败之地，保持家族绵延昌盛。

汉初，有一位名叫石奋的官员，他虽位高权重，却深知“位高不可无规矩”的道理。经过皇宫门楼时，他总会下车急走，表示恭敬；见到皇帝的车驾时，他一定要手扶在车前横木上，表示敬意。他的子孙辈做小吏，回家看望他，他一定会穿上朝服接见，不直呼他们的名字。

为了让儿孙们守规矩，他采取了别具一格的教育方式。某日，石奋的一个子孙辈犯下了过错。石奋得知后，并未当场斥责，而是静静地坐到侧旁的座位上，对着餐桌默默不语，不肯吃饭。他是大家长，他不动筷子，谁也不敢吃饭。

这样一来，其他的子孙就会责备犯错的人，犯错的人赤裸上身诚恳地认错，并表示坚决改正，再加上族中长辈求情，石奋这才拿起筷子吃饭。

石奋在朝中为官多年，历经汉高祖到汉武帝的数代皇帝，一直恪尽职守，恭敬有加。他虽无多少学识，却以恭谨守规矩著称于世。在他的言传身教下，他的四个儿子都品行端正，孝顺有加，官俸均至二千石，因此，他被人称为“万石君”。

石奋之所以能够历经数代皇帝而地位稳固，皆因他深知“位高不可无规矩”的道理。他以身作则，恪守规矩，为子孙树立了榜样。他的家族因此长盛不衰，成为世人敬仰的典范。此乃为官之道，也是为人治家的准则。

教子有方，家道恒昌。孙叔敖的淡泊、疏广的结善、石奋的守规，皆为家教的典范。他们深谙为人处世之道，以智慧引领子孙，使家族长盛不衰。吾辈当汲取先贤智慧，注重家庭教育，以正身立德为本，让家道绵长，使子孙受益无穷。

莫为小利，丧失大体

在家庭生活中，“莫为小利，丧失大体”是维护和谐的关键。家是小舟，大体是舵，小利是风浪，贪图一时之快，可能导致家庭之舟偏离航道。唯有明辨是非，以大局为重，才能乘风破浪，让家庭之舟稳稳前行，抵达幸福的彼岸。

成大事者须付出

在家庭生活中，为了实现更大的目标，每个成员都需要有所付出。这种付出可能是时间、精力甚至是个人利益，但都是值得的。因为只有懂得为了家庭的未来牺牲小我，我们才能真正实现家庭的和谐与兴旺。

在东晋末年的乱世中，青州主簿孟昶怀揣着报国之志。他的妻子周氏，不仅美丽贤淑，更是理财的能手。

当时，桓玄篡位，天下大乱。刘裕欲起兵讨伐，看中了孟昶的才华与忠诚，希望他能一同参与。孟昶早有此意，但军费却成了一大难题。他深知，周氏对此事必有见解，于是与她商议。

孟昶婉转地提出让周氏回娘家，实则是想试探她的态度。周氏何等聪明，她抱着孩子，坚定地说："你的父母还在，你既然想做一番大事，又岂是我一个妇人能劝阻的？万一大事不成，我甘愿做牛做马奉养一家人，我们已结为夫妻，我没有回娘家的打算！"

这番话让孟昶感动不已，但他对以家财充军费一事难以启齿。

然而，周氏已看出丈夫的难处。她直言不讳地对孟昶说："观察你的言谈举止，你并不是真的想让我离开，是想拿家财充军费吧！"孟昶听后，既惭愧又感激，他向周氏道歉，得到了她的全力支持。

有了周氏的资助，孟昶如鱼得水。他先铲除了桓弘，平定了青州，随后与刘裕联手，成功剿灭了桓玄，恢复了晋朝的统治。孟昶因功被封为左仆射，到达了仕途的巅峰。

孟昶与周氏共克时艰，展现了为家庭大业不惜付出的决心。他们的经历提醒我们，在追求家庭幸福的征途上，每个成员都需贡献自己的力量。通过共同的努力和付出，我们将筑起一个更加和谐兴旺的家庭。

不为私情损大义

家庭中的每个成员都有自己的情感和利益，但在处理家庭事务时，我们不能被私情左右，而损害了家庭的整体利益。我们要以大局为重，明辨是非，避免因个人的短视行为而给家庭带来不必要的麻烦和损失。

春秋时期，晋国的中军尉祁黄羊以高尚的品质和卓越的才能，赢得了人们的广泛尊敬。当他因年老向晋悼公请辞时，晋悼公向他询问谁能够接替他的职位。出人意料的是，祁黄羊推荐了自己的仇人解狐，这让晋悼公大为惊讶。

祁黄羊解释道："您问的是谁可以胜任中军尉的职位，而没有问谁是我的仇人。解狐的才能和品德都足以胜任这一职位，我不能因为个人的私怨而埋没了人才。"晋悼公听后深受感动，任命解狐为中军尉。

不久，解狐因病去世，中军尉的职位再次空缺。晋悼公再次向祁黄羊询问谁可以接替解狐的职位。这一次，祁黄羊推荐了自己的儿子祁午。晋悼公感到疑惑，问祁黄羊为何要推荐祁午。

祁黄羊坦然回答说："您问的是谁可以胜任中军尉的职位，而没有问谁是我的儿子。祁午的才能和品德都足以胜任这一职位，我不能因为他是我的儿子而有所避讳。"

晋悼公听后，对祁黄羊的大公无私精神深感敬佩。他明白，祁黄羊推荐自己的儿子并不是出于私心，而是出于对国家和军队的忠诚。于是，晋悼公任命祁午为中军尉。

祁黄羊的两次推荐被传为佳话，他坚守大义、超越私情的品格令人敬仰。这也告诫我们，在家庭决策中应摒弃个人偏见，以公正无私的态度维护家庭的整体利益。如此，我们方能确保家庭的帆船在风浪中不断前行。

莫贪享乐失大志

在追求家庭幸福的过程中，我们不能沉迷于眼前的享乐而忘记了家庭的长远目标。我们要时刻保持清醒的头脑，坚定自己的信念和追求，不断为家庭的未来而努力奋斗。只有这样，我们才能在享受家庭生活的同时，不断推动家庭向前发展。

春秋时期，晋国的公子重耳因国内政治纷争而被迫流亡。他带着忠诚的随从，历尽艰辛，最终来到了富饶强大的齐国。齐桓公热情地接待了他，为他提供了舒适的生活，并把齐国女子姜氏嫁给他。

重耳在齐国生活得十分安逸，沉醉在眼前的享乐中，渐渐忘记了自己的初衷和长远目标。他的随从赵衰和狐偃咎犯看在眼里，急在心上。他们多次劝说重耳离开齐国，回国争夺君位，重耳却不为所动。

后来，重耳的妻子姜氏也加入了劝说的行列。她对重耳说："夫君，您是一国公子，有责任为国家和家族奋斗。您不能一直沉迷于眼前的享乐，而忘记了您的使命。"然而，重耳仍然犹豫不决。

姜氏见劝说无效，便与赵衰等人商议，决定采取强制措施。他们趁重耳酒醉之际，将他抬上马车，离开了齐国。这一举动刚开始让重耳有些恼怒，但很快，他就开始反思自己的行为，并逐渐认识到自己的错误。

离开齐国后，重耳开始积极寻求回国夺位的机会。他历经磨难，最终在秦国的帮助下成功回国，并成为晋国的国君。他重用贤臣，励精图治，使晋国逐渐强大起来。最终，他在城濮之战中大败楚军，成为春秋时期的第二位霸主。

重耳的故事深刻诠释了在享乐与大志之间的抉择，他最终的觉醒与成就提醒我们，在追求家庭幸福时，不可被眼前的安逸迷惑。我们应坚定信念，保持清醒的头脑，不断追求更高的目标，以推动家庭越来越兴旺。

家庭是我们情感的归宿，也是我们共同成长的摇篮，为了家庭的幸福与繁荣，我们需要学会付出、坚守大义、追求更高的目标。我们通过汲取古人的智慧，以更加成熟的态度和坚定的信念，共同书写家庭幸福的美好篇章。

有错必纠，不庇其短

“有错必纠，不庇其短”，这不仅是家风的严谨，更是人生的智慧。在亲情的温暖中不失原则，用爱与智慧引导家人正视错误，真正的关爱，不是盲目包庇，而是勇敢地指出错误并帮助犯错者改正，让每个家庭成员在坦诚与自省中走向更美好的未来。

迁就不是爱

迁就不是真正的爱，因为它回避了问题的本质。当家人犯错时，如果我们只是一味迁就，不仅无法帮助他们认识到自己的错误，反而可能让他们在错误的道路上越走越远。真正的爱，应该是勇敢指出家人的错误，引导他们正视并改正。

东汉时期，河南有一位叫乐羊子的士子。某日，他在路上偶然拾得一块金子，回家后，他兴冲冲地向妻子展示意外得来的财物。然而，妻子却淡然地对他说：“有气节的人不喝盗泉之水，廉洁的人不吃嗟来之食，你怎能因一块捡来的金子而失去气节呢?”乐羊子听后,心中顿时生出惭愧之情,于是立刻将金子丢弃在野外。

不久后,乐羊子决定外出游学,以增长见识,然而,仅过了一年,他便因思念家人而匆匆返回。妻子见到他,并未流露出过多的喜悦,而是走到织布机前,拿起剪刀指着正在织的布说:“这匹布是由一丝一线积累成寸,再由寸积累成丈,最后由丈积累成匹。你若现在放弃求学,就如同我剪断这块即将织成的布,一切都会前功尽弃。”

乐羊子被妻子的坚定和智慧深深打动了。他认识到自己的错误,并决定重新踏上求学之路。为了完成学业,他再次离家,并在接下来的七年里,始终坚持学习知识,最终,他的努力得到了回报,成了一位受人尊敬的学者。

乐羊子的妻子没有迁就与纵容丈夫,而以自己的认知与智慧对丈夫严格要求,最终使丈夫学有所成。真正的爱,需要勇气与坚持。我们要帮助家人直面错误,从而让家人在自省与改正中成为更好的自己,让家庭变得更好。

偏袒不是爱

偏袒不是爱,因为它违背了公平和正义。当家庭成员之间发生矛盾或纷争时,如果我们因为私情而偏袒某一方,不仅会加剧家庭矛盾,还可能让被偏袒的一方失去自省和改正的机会。真正的爱,应该是站在客观公正的立场上,促进家庭成员之间的和谐。

东汉时期的马太后，是伏波将军马援的女儿。她身为汉明帝的皇后，汉章帝时期的太后，从不因私情而偏袒家人。

当汉章帝打算封她的三个哥哥马廖、马防和马光为侯时，马太后坚决反对。她认为哥哥们的功德不足以封侯，此举违背了先帝的遗训。她说："先帝生前吸取前朝教训，限制外戚干预朝政，禁止他们担任国家要职。我不能让自己的家人重蹈前朝外戚灭亡的覆辙。"

马太后的坚定立场让汉章帝深受震动，封侯之事被搁置。然而，一些大臣为了讨好太后，联合上书请求加封马太后的三个哥哥。马太后看后非常生气，痛斥这些大臣："这些上书的人，纯粹是想讨好我，以此来谋求升官。他们的理由非常荒唐。"

为了约束娘家人的行为，马太后下诏禁止马氏族人因私事麻烦地方官府。她母亲去世后，她觉得坟堆太高，下令削低。家族中有人穿着过于华美，她便将这个人的名字从皇亲国戚的名册中删除，而对那些正直朴素的家人，她则会给予赏赐和提拔。

后来，全国粮食大丰收，边境也安宁了，汉章帝直接下诏封他的三个舅舅为列侯，三人推辞不受，只愿意任关内侯。马太后听说后，感叹此事将埋下祸根，自己将死不瞑目，三人听说后便辞了爵位回家。马太后的公正无私和深明大义赢得了朝野的尊敬。

马太后以公正无私之心，拒绝了偏袒之爱，她深知这非但不是真正的关怀，反而是对家人最大的伤害。她以行动诠释了何为真正的爱：坚守公平与正义，促进和谐与理解，让家人在正确的道路上稳步前行。

护短不是爱

护短不是爱，因为它阻碍了成长和进步。当家人有明显的短处或不足时，如果我们出于保护的心态而掩盖或忽略，就会让他们失去改进和提升的机会。真正的爱应该是坦诚地指出家人的短处，鼓励他们勇于承认并努力改进，让他们在挫折和困难中成长为更好的自己。

宋朝初年，益王赵元杰花费数百万两白银，在府中建造了一座巧夺天工的假山。竣工之日，他大摆筵席，邀请宾客共赏这胜似仙境的美景。席间，众人纷纷称赞，唯独他的老师姚坦低头不语。

赵元杰借着酒兴，对姚坦嚷道："先生，你来评评看，这座假山如何？"姚坦缓缓抬起头，目光坚定地说："我只看见血山，哪里有什么假山？"他的话让在场的所有人都惊愕不已。

赵元杰不解地问："什么血山？"姚坦回答："这座假山是用百姓的血汗钱筑成的，不是血山又是什么？"赵元杰听闻大为扫兴。

此时，宋太宗也在建造假山，但尚未完工。他听了姚坦批评他儿子赵元杰的话后，深感惭愧，立即下令毁掉自己的假山，不再实施这个劳民伤财的工程。

然而，赵元杰却对姚坦的直言不讳感到反感。一些阿谀奉承之徒为讨好他，劝他装病以逃避姚坦的管教。宋太宗听说儿子病了，便召来赵元杰的侍从询问。侍从说："益王本来没病，只怪姚坦管束严苛，益王心情压抑，于是生了病。"

宋太宗听罢，大怒说："我选德才兼备的人做益王的老师，是为了引导益王向善上进，你们却在这里挑拨离间。我看益王没什么病，他年少无知，装病的主意定是你们这些人出的。"说着命人将侍从痛打了一顿，又召姚坦入宫，对他进行了嘉奖。

宋太宗不护短的行为，让赵元杰开始反思自己的行为。后来，他改过自新，终成一代贤王。

护短非爱，坦诚方显真情。宋太宗明辨是非，严惩谄媚之徒，嘉奖直言的姚坦，令人赞叹。真正的爱不是盲目遮掩，而是勇于指出错误并鼓励改进，让我们摒弃护短之念，以真诚与智慧引领家人成长。

真正的爱不是迁就、偏袒或护短，而是坚守原则，用智慧引导家人正视并改正错误，乐羊子之妻的坚定、马皇后的公正无私、宋太宗的明理，都诠释了这一点。爱，让家庭成为坦诚与自省的港湾，让家庭成员共同造就一个更加和谐美好的未来。

家风如雨，育人无声

家风是家族血脉中流淌的智慧与精神的浓缩，它如同明灯，指引着家族成员前行的方向；又如肥沃的土壤，孕育着家族中一代代人的成长。好的家风如甘泉，滋润心灵，使家族之树枝繁叶茂；反之则如沙尘，侵蚀心灵，使家族之树枯萎凋零。家风不仅关乎个体成长，还有可能会影响家族的命运。

德才兼备，全面发展

德，是我们立身的根本，是我们行走世间的底色；才，是我们成事的工具，是我们展现价值的翅膀。家族的智慧与精神告诉我们，德才双修，方能行稳致远。我们要不断汲取知识，锤炼品格，努力成为全面发展的优秀人才。如此，我们方能为家族的繁荣注入新的活力。

在中国历史上，柳氏家族如同一颗明亮的星星，自南北朝至唐宋年间，不断涌现人才。柳氏家族的持续繁荣并非偶然，而是源于其深厚的家教传统。

柳公权是唐代书法巨匠，其书法骨力遒劲，被誉为“柳骨”。他成就的背后，是柳家对教育的极度重视和丰富的藏书，使柳家子弟自幼便沉浸在书海中。

柳宗元不仅是杰出的文学家和政治家，还是一位军事家。他全面发展，成为柳氏家族中“文武兼备”的典范。他曾在文中自豪地提及先祖们都是朝廷重臣，这彰显了柳家家教中的家族荣誉感和对国家的忠诚。

追溯柳家先祖，英才亦不乏人。西眷柳氏的领头人柳虬，精通五经，喜好文学，后来更成为西魏的镇远将军，实现了文武双全。其弟柳庆、柳桧也均为一时英豪，这体现了柳氏家族勇猛尚武与重视文教的结合家教。

东眷柳氏中更是名将辈出，如南朝刘宋的柳元景，以勇猛善战著称，多次领兵平叛，立下赫赫战功。其侄柳世隆是南齐的杰出宰相，多次平息叛乱。这些名将的涌现，无疑是柳家家教注重军事教育的成果。

此外，柳家女性也展现出非凡的特质。如陈季常的夫人柳氏，性格强悍，留下了“河东狮”的佳话，超越了一般古代女性，这是柳家家教中注重培养子女独立个性和坚忍品质的结果。

柳氏家族能够绵延数百年而不衰，根本原因在于柳家人坚守的家教传统，这种传统注重学识、品德、实践和家族凝聚力的培养，使柳家后人在各个领域都能取得了卓越的成就。这不仅为家族带来了荣誉和地位，也为社会培养了众多杰出的人才。

戒奢戒骄，克勤克俭

家风是生活的航标，指引我们远离骄奢的旋涡，走向克勤克俭的彼岸。奢则败品，骄则失和；勤则兴业，俭则养德。家族的训诫如影随形，让我们在繁华世界中保持清醒的头脑，坚守勤俭的美德。如此，家族的根基才能稳固，后世子孙才能福泽绵长。

曾国藩是晚清名臣，其家教思想至今仍受人推崇。他出身于湖南农耕家庭，提出了居家有“四败”：奢淫、骄怠、不和、侮师慢客。为避免“四败”，他严以治家，着力通过言传身教营造勤劳、俭朴、孝悌的家风。

他强调“勤”为家教之本，不仅自己勤奋读书、勤勉为政，更要求家人严格遵循。其子女每天的生活作息、学习内容都有明确的规定，甚至他的夫人也要参与劳动，自纺棉纱，自制衣袜。

同时，曾国藩崇尚俭朴。他衣着简朴，饮食节制，严禁家中奢华浪费，平时总穿土布衣，每顿只吃一个荤菜。他任两江总督时，有一天，到扬州的一个盐商家做客，面对满桌山珍海味，他只吃自己面前的一点东西。下属不解，他却说：“一食千金，吾不忍食，吾不忍睹。”这种俭朴的家风，使曾家远离纨绔风气。

孝悌也是曾国藩家教的重要一环。他注重家庭成员间的和睦，强调对父母、长辈的尊敬与赡养，以及兄弟姐妹之间的友爱与融洽，这种孝悌的家风使曾家成了一个团结和谐的大家庭。

在子女读书这个问题上，曾国藩督促甚勤，同时注重培养他们的品行。他在给次子曾纪鸿的信中说："凡人多望子孙为大官，余不愿为大官，但愿为读书明理之君子。勤俭自持，习劳习苦，可以处乐，可以处约。此君子也。"此外，他见到京城世家子弟多骄奢淫逸，便不让子女来京，以免沾染纨绔之气。

曾国藩的家教思想影响了曾家数代人，他的后辈们大多秉承勤劳、俭朴、孝悌的家风，不论是在读书、为官还是其他方面，都有所成就。这种家风的传承使曾家成了一个充满正能量、人才辈出的大家族。

爱而不溺，严而不苛

家是心灵的港湾，给予我们爱而不溺、严而不苛的教养。爱如阳光，温暖而明亮；严如山峰，坚定而有力。家族的关爱与教诲相互交融，让我们在成长的道路上既不失温度又不失方向，如此，我们才能成为有担当、有责任、有情怀的家族传人，为家族的辉煌续写新的篇章。

梁启超是中国近代杰出的启蒙思想家，他不仅在社会政治领域有着深远的影响，在家庭教育方面的成就同样卓越。他的九个子女在他的悉心教育下，各有所长，成人成才。

在教育方法上，梁启超注重引导而非强制。他以开放、自由的家庭氛围，让孩子们在快乐中学习，易于接受他的教诲。孩子们稍有进步，他便以奖励的方式肯定他们的努力；而当孩子们出现思想抵触时，他就耐心引导，以理服人。

治学是梁启超家教的重要内容。他说："凡做学问总要'猛火熬'和'慢火炖'两种工作循环交互着用去。在慢火炖的时候才能令所熬的起消化作用，融洽而实有诸己。"他对孩子们的学习要求为求实、辩证，既希望他们取得一流成绩，又注重他们的身心健康。他指导孩子们向实践学习，将学问与生活相结合。

梁启超还注重培养孩子们的独立自主能力，尊重孩子们的兴趣，以此为依据指导他们选定学习方向，并鼓励孩子们发挥个性特长，贡献社会。

同时，梁启超也适时对孩子们进行了挫折教育，培养孩子们的坚忍品格。1923 年 5 月，长子梁思成被汽车撞折腿骨，医生建议至少推迟一年去美国留学。梁思成为此很焦虑，想早点去。梁启超听说后写信说"汝生平处境太顺，小挫折正磨炼德行之好机会"，还说多出一年在国内多读些国学，"亦本未尝有损失耶"。

梁启超的家教理念和方法堪称经典。他爱而不溺，严而不苛，导而不命，既重视中国传统文化教育，又积极吸纳西方科学教学方法。他的家教成功不仅在于孩子们的成才，更在于他们品德的培养和对社会做出的贡献。

家风如春雨，润物细无声。梁启超、曾国藩等先辈以爱为舵，以严为桨，引导子女在知识的海洋中乘风破浪。德才兼备，全面发展，是他们给予后代的宝贵财富；戒奢戒骄，克勤克俭，是他们传承的家族美德；爱而不溺，严而不苛，是他们坚守的教育之道。只有如此家风，才能滋养出一代代杰出人才。

伍

灵活变通·职场生存篇

职场如战场，只有灵活变通才能在激烈的竞争中立足。这需要我们具备敏锐的洞察力、快速的应变能力和不断学习的精神。在职场中，没有一成不变的规则和方法，只有不断适应变化、创新求变才能保持竞争力。我们通过深入了解行业趋势、积极学习新技能和不断调整自己的职业规划，才能够在职场中游刃有余，实现个人价值的最大化。

因地制宜，优化资源

因地制宜，优化资源，是智者之举，亦是成功之钥。如顺水推舟，适应环境，方能乘风破浪；如匠人琢玉，善用资源，方能点石成金。职场之道在于审时度势，因地制宜；在于慧眼识珠，优化资源。若能如此，则事业可成，未来可期。

了解环境，顺应趋势

职场如战场，需深入洞察所处环境的特点与规律，顺应行业发展趋势。只有把握时代的脉搏，才能因地制宜地制定发展策略，避免盲目行动。

西汉初年，萧何去世后，曹参成为相国，他深知自己肩负重任，必须谨慎行事。他并不急于展现自己的政治才能，而是先了解环境，顺应趋势。

当时，汉朝经历连年的战乱，国力衰弱，百姓疲惫不堪，急需休养生息。曹参深知萧何制定的法规已经相当完善，而且符合当时的国情，因此他决定沿用这些法规，保持政策的稳定性。于是，他日夜饮酒，一副无所事事的样子。

很快，他的做法招来了非议。一些故旧同僚就想劝劝他，可是这些人一来到他面前，刚想开口，他就拉着人家喝酒，其间来人若还想开口说话，他就赶紧用酒堵住人家的嘴，直到酒醉方休，来人都没有说话的机会。

当汉惠帝对曹参的不作为表示不满时，曹参说："高祖与萧何平定天下，法令已经制定得明确完备。现在陛下垂拱而治，我曹参谨遵成规，不使有失，不就可以了吗？"汉惠帝大悟，忙摆手说："相国不必再说了，朕明白了！"

曹参之所以被后世称颂，正是因为他了解环境，顺应了时代的趋势。在汉朝初建、百废待兴之际，他选择继承而非盲目变革，以稳定为先，让国家与百姓得以休养生息。曹参此举给予我们宝贵的启示：在职场中，我们要深入了解环境，顺应趋势，不盲目行动，才能在职场中立于不败之地。

挖掘资源，发挥优势

每个地方都有其独特的资源禀赋，职场亦不例外。我们要善于发现并充分利用身边的资源，如人脉、技能、信息等，将其转化为自身发展的动力，从而在竞争中占据优势。

北宋时期，一场突如其来的大火吞噬了皇宫，令宋真宗陷入苦恼之中。面对废墟，如何迅速重建皇宫，恢复朝廷的正常运作，成为摆在宰相丁谓面前的一大难题。

丁谓深知，要想高效解决问题，关键在于充分挖掘现有资源，发挥它们的最大优势。他徘徊在废墟之间，思考着如何巧妙地将取土、运输和清理废墟三大难题一并解决。

这时，他注意到一个小姑娘在废墟旁煮饭，同时还在缝补衣物。这个场景启发了丁谓，他意识到，就像小姑娘充分利用时间一样，他也可以统筹兼顾，将各种资源巧妙地结合起来。

于是，丁谓提出了一个精妙的方案：在皇宫前的大街上挖深沟，取土作为施工材料，同时将汴河的水引入深沟，再将建筑材料直接运送到深沟旁。这样一来，不仅解决了取土和运输的难题，还为后续的废墟清理奠定了基础。

这个方案充分展现了丁谓挖掘资源、发挥优势的智慧。在皇宫的灾后重建中，他没有盲目寻找新的资源，而是从现有条件出发，通过巧妙的组合和安排，实现了资源的最大化利用。在职场中，我们应该像丁谓一样，善于挖掘身边的资源，发挥它们的最大优势，这样才能在激烈的竞争中脱颖而出，实现自己的职业目标。

灵活调整，持续创新

职场环境瞬息万变，因地制宜即要求我们具备灵活调整的能力。面对变化，我们要勇于突破传统思维，持续创新工作方式和方法，以适应不断变化的职场需求。

清乾隆年间，因地处西南的金川地势险恶，运输线漫长且运输困难重重，朝廷为运送军粮而头疼不已，众臣也无人愿意接手这个“烫手山芋”。此时，名臣刘秉恬挺身而出，被任命为钦差大臣，总督军粮调运。

刘秉恬深知，传统的马车运输方式在这里行不通，必须灵活调整策略，创造性地采用新方法。于是，他亲自实地考察，深入了解金川的地形地貌和动物习性。经过仔细观察，他发现山羊在山路上行走自如，而且不需要太多草料，能够随地觅食。

这个发现让刘秉恬眼前一亮，他立刻想出了用山羊代替马车运粮的妙计。他迅速行动起来，购买了大量山羊，并命令士兵将粮食分装在小口袋里，放在山羊背上。这一创新举措立刻取得了显著成效，山羊们在险峻的山路上轻松自如地行走，运输效率大大提高。

刘秉恬的这一做法，不仅解决了军粮运输的难题，还为朝廷节省了大量人力物力，他的智谋和胆识赢得了乾隆皇帝的赞赏和众臣的敬佩。这个故事告诉我们，在职场中，面对变化和挑战，我们要勇于突破传统思维，灵活调整策略，进行创新，才能适应不断变化的职场需求，取得更大的成功。

真正的聪明人会像水一样，随着环境的变化而流动，总能找到解决问题最合适的方法，就像曹参顺应时代保持稳定，丁谓巧妙利用资源，刘秉恬大胆创新运送军粮一样。懂得灵活应变，能够因地制宜，优化资源配置，方能游刃有余，在职场上闯出一片属于自己的天地。

借势而为，乘势而上

借势而为，乘势而上，是职场智慧的体现。借势，即借助外部有利形势，顺势而为，事半功倍；乘势，则是在借势基础上，主动作为，乘胜追击，不断攀升。职场如战场，善借势者能立于不败之地，乘势而上者能成就非凡事业。

借助平台，放大效应

在大平台上更容易接触到优质的项目和合作伙伴，从而快速积累经验，提升自我。平台的品牌效应也能为个人带来更多的机会，使个人得到认可。选择一个有发展潜力的平台或团队，利用其资源和影响力，能够放大个人能力和成就。

借助平台，放大效应。刘邦的崛起之路便是一个生动的历史例证。刘邦为响应大泽乡起义而在沛县起义后，因势力单薄，难以在乱世中立足。于是，他智慧地选择投奔当时已声名赫赫、实力雄厚的反秦势力——“项梁集团”。

“项梁集团”如同一棵参天大树，为刘邦提供了庇护和成长的土壤。刘邦不仅得到了安全保障，更借助“项梁集团”的资源和影响力，迅速崭露头角。他参与了多次重要战役，与项羽并肩作战，斩杀李由，声名远扬。

在“项梁集团”的平台上，刘邦的实力充分得到了放大，他不再是一个默默无闻的小人物，而是一位备受瞩目的将领。这个平台为他提供了展示才华的舞台，也让他有机会接触到更多的合作伙伴。

同时，“项梁集团”的品牌效应也为刘邦带来了更多的机会和认可，人们看到了他在“项梁集团”中的出色表现，纷纷加入他的麾下。刘邦的队伍不断壮大，成为一支不可小觑的力量。

借助“项梁集团”这个平台，刘邦成功地走向了崛起之路。在这个平台上，他不仅积累了丰富的经验和资源，还借机扩大了自己的影响力。最终，他凭借这个平台的支持和自己的努力，一统天下，创造了汉朝的辉煌。刘邦的成功充分证明了借助平台来放大效应的重要性。

抓住机遇，果断行动

当机遇来临时，我们要敢于抓住它并果断采取行动。职场中的机会稍纵即逝，犹豫不决只会错失良机。在充分评估风险后，我们要勇于承担责任和压力，敢于挑战自我，并通过实际行动证明自己的能力和价值，最终实现职业生涯的跨越式发展。

抓住机遇，果断行动，是刘秀崛起的关键。刘秀是汉高祖刘邦的九世孙，然而，其祖上因为汉武帝的“推恩令”政策的施行而从列侯不断递降，他的父亲刘钦只是一个小小的济阳县令。刘秀九岁时，父亲去世，他成了孤儿，沦为一个普通平民。

在新莽末年天下大乱之际，刘秀审时度势，决定起兵反抗新朝暴政。他深知机会稍纵即逝，因此在充分评估风险后，毅然加入了反抗新莽政权的行列。

刘秀起兵并非一帆风顺。他经历了许多艰难险阻，但始终保持着敏锐的洞察力和果断的行动力。在公元 23 年的昆阳之战中，刘秀抓住新军疲惫、士气低落的机遇，果断率领精兵进行反击。他身先士卒，勇猛冲锋，带领军队，最终以少胜多。

此后，刘秀更是一路高歌猛进，不断抓住机遇扩大自己的势力。他善于把握时机，采取果断行动，最终在众多起义军中脱颖而出，建立了东汉王朝。

刘秀的成功充分证明了抓住机遇、果断行动的重要性。在职场中，我们应该像刘秀一样，时刻保持敏锐的洞察力，抓住机遇并果断行动，这样才能在激烈的竞争中脱颖而出，实现自己的职业目标。

结交贵人，拓展人脉

职场中，人脉是一种宝贵的资源。我们通过结交行业内的专家、领袖和其他有影响力的人物，可以获取更多的信息和机会，在他们的帮助下，往往能事半功倍。因此，我们要积极参加各类社交活动，拓展自己的人脉圈层，为职业发展铺路搭桥。

出身贫寒的农家子弟朱元璋，在元末的混乱时局中，通过结交贵人郭子兴，成功地迈出了他崛起的重要一步。

当时，郭子兴是江淮地区红巾军的领袖，拥有比较强大的军事实力和影响力。朱元璋在投奔红巾军后，凭借出色的才能和勇敢的表现，很快得到了郭子兴的赏识和信任，被调至帅府当差，并受到重用。

朱元璋没有辜负郭子兴的期望，他精明能干，处事得当，在打仗时身先士卒，很快就在军队中赢得了好名声。郭子兴把他视作心腹知己，有重要事情总是和他商量。这段经历不仅让朱元璋积累了宝贵的军事和政治经验，还为他未来建立明朝奠定了坚实的基础。

朱元璋不仅在军事上获得了郭子兴的支持和保护，还在政治上得到郭子兴的指导和提携。在郭子兴的帮助下，朱元璋逐渐在红巾军中建立了自己的势力范围，并成功地招募了一批心腹将领和士兵。朱元璋带领这些人，攻城略地，招贤纳士，不断扩大自己的影响力。

郭子兴病逝后，朱元璋凭借自己的才干和郭子兴留下的资源，成功地稳定军心，继续扩大自己的势力，最终推翻元朝，建立了明朝。朱元璋与郭子兴的结交，如同星辰汇聚，照亮了乱世中的前行之路。贵人之力犹如东风，让英雄之舟扬帆起航。此段历史佳话告诉我们：在人生的征途上，善于结交贵人，方能借力使力，成就不凡。

在竞争激烈的职场中，借势而为、乘势而上的智慧如同航海家的罗盘，指引着我们前行的方向。借助平台的东风，我们可扶摇直上；抓住稍纵即逝的机遇，我们可勇攀高峰；用心结交志同道合的贵人，我们可做到事半功倍。愿每位职场人都能顺应时势，乘风破浪，书写属于自己的辉煌篇章。

投其所好，事半功倍

投其所好，是职场生存的策略与智慧。在复杂的职场环境中，深入了解同事、上司的喜好与需求，主动适应并融入其中，是每位职场人士必备的智慧。通过投其所好，我们不仅能够迅速拉近与共事者之间的关系，提升自己在团队中的影响力，还能够更精准地把握工作方向，做到事半功倍。

保持真诚与尊重

真正的投其所好不是虚伪，而是基于真诚和尊重。了解同事、上司或客户的喜好和需求，不是为了简单地取悦他们，而是为了更好地与他们沟通和合作。我们在表达关心和赞赏时，要确保言辞真诚，避免阿谀奉承或虚伪。

有一个士人一心想要拜见县城里的官员，以期得到他的赏识。在拜访之前，他特意向县官身边的人打听："县官大人有什么喜好？"有人告诉他："县官酷爱研读《公羊传》。"士人铭记在心。

不久，他得以进入县官的府邸，县官亲自接见了他。在对话中，县官问道：“你平时都读些什么书？”他恭敬地回答：“回大人话，我钻研《公羊传》。”

听到这里，县官很感兴趣，他决定试试这人是否真的对《公羊传》很了解。于是，县官问：“那请问，谁杀了陈佗？”

他一时语塞，因为他并未真正深入研读过《公羊传》，只得结结巴巴地回答：“我……我生平未杀过陈佗。”

县官一听便知他并未真正读懂《公羊传》，便戏言道：“君既未杀陈佗，那试问，究竟是谁杀的呢？”

他此刻已是汗流浃背，以为县官是在暗示他杀了人，心中恐惧万分，慌忙赤足逃出府邸。

投其所好固然重要，但也要保持真诚与尊重。若这人当初能诚实地告诉县官自己并未真正读懂《公羊传》，或许就不会闹出这样的笑话了。真诚与尊重，是我们在职场中与人交往不可或缺的品质。

提供帮助与价值

在职场中，投其所好并非表面的逢迎，更重要的是为同事、上司或客户提供实质性的帮助与价值。深入了解他们的需求和痛点，然后运用自己的专业知识和资源，为他们解决问题或创造价值，这才是真正的投其所好。投其所好不仅能够提高自己在团队中的不可替代性，更能够赢得他人的尊重和信任，为职场生存奠定坚实的基础。

豫让曾是范氏、中行氏的家臣，但一直未受到重用。直到他遇见智伯，被以国士之礼相待，他才真正感受到了被尊重和信任。智伯的赏识和委以重任，让豫让深感自己遇到了知己。

然而，好景不长，智伯被赵襄子杀了，赵襄子甚至将智伯的头颅漆成饮具，以示侮辱。豫让得知此事后，愤怒填胸，暗道“士为知己者死”，发誓要为智伯报仇。

豫让开始策划复仇。他更名改姓，伪装成受过刑的人，进入赵襄子的宫中修整厕所，打算趁机行刺，但是，他因计划被赵襄子察觉而被捕。最终经过了解，赵襄子被豫让的忠诚和勇气感动，放了他。

豫让并没有就此放弃复仇。他将漆涂在身上，使皮肤溃烂，又吞下炭火使自己的声音嘶哑，剃掉了自己的胡子和眉毛，以至于连他的妻子都认不出他来。

豫让摸准了赵襄子的行踪后，再次埋伏起来等待时机。当赵襄子过桥时，他的马突然受惊，豫让趁机行刺，但被赵襄子的侍卫制服。

赵襄子再次审问他为何如此执着于复仇，豫让回答说：“智伯以国士之礼待我，我自然要以国士之礼回报他。你杀了他，我就要为他报仇。”

赵襄子被豫让的忠诚感动，但这次没有放掉他。他满足了豫让想要象征性击刺自己衣裳的要求后，下令将其处死。豫让的事迹传开后，闻者无不动容。

智伯的赏识对豫让来说如同久旱逢甘霖，使豫让觉得自己的价值受到了重视，这份知遇之恩不仅激发了豫让的潜能，更让他对智伯心怀感激。豫让用行动回报智伯的知遇之恩，他们的故事告诉我们，在职场中找到那个愿意给自己机会和给予支持的伯乐，是一件多么重要且幸运的事情。

注意适度与平衡

投其所好是职场中的一种策略，但过度使用或运用不当则可能适得其反。在了解他人喜好的同时，我们也要注意保持自己的独立性与原则性，避免为了迎合他人而失去自我。职场生存需要灵活应变，但更重要的是坚守自己的原则和底线。只有找到适度与平衡的点，才能够真正发挥投其所好的作用，实现职场的长久发展。

战国时期，齐国的田婴凭借精明的头脑和过人的智慧，赢得了齐威王的信任，被重用为相国，并封为靖郭君。他深知要巩固自己的地位，就必须投齐威王所好。

有一年，齐威王的王后去世，新王后的选立问题成了朝廷上下关注的焦点。田婴明白，这是一个关键时刻，他必须准确地把握齐威王的心意，才能确保自己的地位不动摇。但是，齐威王对新王后的选择一直保持沉默，让田婴感到十分为难。

正在这时，一位富商为了巴结田婴，送来了一对价值连城的耳环。田婴看着这对耳环，突然灵机一动，想出了一个绝妙的主意。他命人从市井中买来六对相似的耳环，但品质和工艺都不如富商送来的那对。然后，他又命人制作了七个精美的木匣，将七对耳环分别装入其中，然后送给齐威王。

田婴暗中观察七位王妃耳朵上戴的耳环，发现隗姬戴的是最好的那一副耳环，于是便向齐威王进言："臣子们都希望册立隗姬为王后。"齐威王一听大喜过望，因为这正合他的心意。于是，他立即册立隗姬为王后，并对田婴大加封赏。

田婴能够在复杂的朝廷斗争中巩固自己的地位，赢得齐威王的信任，关键在于他精通投其所好之道，同时又不失分寸和原则。他善于观察、揣摩君意，却不露声色，既迎合了君王的喜好，又保持了自己的独立性和智慧。这种适度而又有分寸的投其所好策略，值得我们深思与借鉴。

投其所好是职场中的智慧，但更需真诚与适度的平衡。这些历史故事告诉我们，只有深入了解他人需求，同时坚守自己的原则与底线，才能在职场中立于不败之地。真正的投其所好是双赢的策略，即既满足他人，又成就自己。

坚持原则，随机应变

坚持原则是职场生涯的磐石，能为我们描绘行动的坐标；随机应变是思维的法宝，令我们在不断变化的环境中保持灵活与从容。原则是我们的锚，使我们在风浪中保持方向，而应变则是我们的翅膀，助我们翱翔于万变之中。二者并存，我们才能在职场这片海洋中既坚定前行，又乘风破浪。

坚持原则是职场道德的基石

在任何工作环境中，明确的道德操守和职业准则都是不可或缺的。这些原则指导着我们的行为，确保我们在面对诱惑或压力时不会偏离正道。只有坚持原则，我们才能赢得同事和客户的信任，树立良好的职业形象。

东汉时期，杨震多次升迁，一次在赴任途中，经过昌邑时正值傍晚，于是在驿站住了下来。

昌邑县令王密是杨震在荆州刺史任内举荐的官员，为了感谢杨震过去的举荐之恩，深夜时分，王密怀揣十斤黄金前来拜访。

面对突如其来的诱惑，杨震坚决拒绝，他义正词严地说：“我举荐你，是因为我了解你的才华，而不是贪图你的财物。”

王密以为杨震是客套，便说：“现在是深夜，没有人知道。”

然而，杨震却斩钉截铁地回答：“天知，神知，我知，你知，怎么说没有人知道呢？”这番话让王密羞愧难当，只好带着黄金离开了。

杨震坚持原则，不仅为自己赢得了清廉的名声，也为职场树立了一面道德的旗帜。他的故事告诉我们，无论身处何种环境，我们都应该坚持自己的原则，不为诱惑所动，不为压力所屈。只有这样，我们才能在职场上立足长远，赢得他人的尊重和信任。

随机应变是应对挑战的必备能力

职场环境瞬息万变，新的挑战和问题层出不穷，在这种情况下，我们需要灵活应对，及时调整策略和方法。我们只有随机应变，才能更好地适应变化，抓住机遇，从而在激烈的竞争中脱颖而出。

宋太宗淳化四年（公元993年），川陕地区的王小波、李顺掀起了一场农民起义，声势浩大。对此，朝廷震怒，立即派遣招安使王继恩领兵镇压。经过一番激战，王继恩成功平定了起义，率军驻扎在益州。当时，益州的知州是张咏。

胜利后王继恩的部下居功自傲，在益州城内横行霸道，欺压百姓，无恶不作。张咏身为知州，对此深感愤慨，但王继恩位高权重，张咏不便直接与其发生冲突。

一日，有百姓来府衙告状，状告王继恩手下的一名士兵勒索财物。张咏听闻，立即派人追捕那名士兵。然而，那名士兵却提前收到风声，连夜逃跑了。

张咏陷入了两难境地：一方面，他必须维护法纪，严惩那名士兵；另一方面，他不想因此得罪王继恩。经过一番深思熟虑，张咏想出了一个两全其美的计策。

他派遣衙役前去追捕那名士兵，并暗中吩咐他们："捉住那名士兵后，将他衣冠整齐地推入井中，然后回来报告我，就说他畏罪投井自杀了。"衙役们依计而行，果然在不久后就将那名士兵"捉拿归案"。

消息传开后，王继恩的部下虽然心中不满，但也无话可说，而益州的百姓则对张咏的智谋和正义感佩不已。张咏的这一举动，既维护了法纪的威严，又避免了不必要的冲突，展现了他高超的随机应变能力。

坚持原则有助于树立个人形象

在职场中，我们的行为和态度塑造了我们的个人形象。坚持原则的人往往被视为可靠、有担当的合作伙伴，这种正面形象有助于我们在职场中建立自己的个人品牌，提升我们的影响力和竞争力。

明朝时期，海瑞任淳安县的知县，以清廉正直著称。某日，浙直总督胡宗宪的公子带领一帮人嚣张地来到淳安，行为不端，惹是生非。海瑞得知后，果断下令将他们全部绑起来，押到县衙审问。

在审讯过程中，胡公子态度蛮横，甚至说出父亲的名头来威胁海瑞。然而，海瑞并不为所动，他心知胡宗宪平日的所作所为，更坚定了要严惩其子的决心。他当机立断，将这伙人全部关入牢房，把金银充公，并连夜写下公文，将此事上报给总督胡宗宪。

在公文中，海瑞巧妙地隐瞒了胡公子的真实身份，只说是一伙冒充官亲的游民，这样既惩罚了胡公子一伙的恶行，又避免了直接得罪胡宗宪。胡宗宪接到公文后，虽然气得七窍生烟，但无可奈何，他知道如果揭穿海瑞的计谋，就等于承认了自己儿子的罪行，如果不揭穿，就只能眼睁睁地看着儿子受罚。

海瑞的这一举动赢得了百姓的交口称赞，他的智谋和勇气也让他在官场中树立起自己的个人形象。从此，海瑞在官场中赫赫有名，成了一代清官的典范。

随机应变能够促进团队合作

在团队工作中，每个人都有自己的角色和职责，然而，当计划发生变化或遇到意外情况时，我们需要相互支持，共同解决问题。我们通过随机应变，能够更好地与团队成员协作，共同应对挑战，从而实现团队目标。

宋真宗病重在床时，太子尚幼，朝中动荡不安，忠臣李迪时刻警惕着可能的权力争斗，尤其是提防权势滔天的八大王赵元俨。李迪知道，保护太子、维护朝纲的重任落在了自己的肩上。

赵元俨常借探病之名在宫中待着不肯离去，李迪对此深感不安。一日，李迪见内侍端着金杯走过，心生一计，上前询问。得知金杯中是赵元俨索要的开水，李迪用毛笔将开水搅浑，让内侍呈给赵元俨。

赵元俨见到杯中浑水，大惊失色，以为有人下毒。他思前想后，自己在宫中多日，饮食难保无虞，于是匆匆离开。之后，他虽请了名医诊断，确认自己并未中毒，但心中的疑虑难以消除。从此，他打消了篡夺皇位的念头。

李迪的这一举动，不仅保护了太子的安全和朝纲的稳定，也巧妙地化解了一场可能的权力争斗，他的随机应变和智谋让所有人都对他刮目相看。赵元俨虽然权势滔天，但在李迪的智慧面前，不得不放下自己的野心。职场中，当面临挑战和变化时，我们需要像李迪一样冷静思考，果断行动。

坚持原则如磐石之坚，随机应变似流水之柔。职场之道，非单一之路，而是原则与变通并行的双轨。杨震拒金、海瑞惩恶，是守心之正；张咏的巧计、李迪的智谋，是应变的敏捷。唯有原则在心，应变自如，我们方能驰骋职场，获得非凡成就。

低调做人，高调做事

在职场中，“低调做人，高调做事”是一种处世智慧。低调做人，谦和而不炫耀，减少人际摩擦，营造和谐氛围；高调做事，积极展现才华，锐意进取，创造卓越业绩。二者相辅相成，既可彰显个人价值，又可促进团队发展，实现共赢共进。

谦逊有礼

谦逊有礼是低调做人的重要体现，要求我们保持谦虚谨慎的态度，尊重他人，不张扬炫耀。在职场中，谦逊有礼能够减少人际摩擦，营造和谐的工作氛围。我们做事谦逊有礼，能够赢得他人的尊重和信任，为个人的职业发展奠定良好的基础。

汉武帝时期，卫青是国舅爷，官至大将军，虽身居高位，却从不妄自尊大，总是表现得谦逊有礼。这种为人处世的态度使他在军中和朝廷中都赢得了极高的声誉。

有一次，在卫青率军扫荡漠南时，右将军苏建遭遇了敌军的主力，虽然奋力抵抗但最终全军覆没，只身逃回。对于是否惩罚苏建，军中存在分歧，有人认为，卫青就任大将军以来，还没有杀过裨将，可杀苏建“立威”。

卫青当即否决，说：“我以天子殊宠而为大将军，不怕没有威严，虽有处死他的权力，但不敢在塞外专权，而应当把他押回京师，请天子裁决。”这番话不仅体现了他对天子的尊重，也展现了他的谦逊和谨慎。

卫青谦逊有礼的态度也体现在日常生活中。汲黯是当时的名臣，见大将军卫青时依然行揖礼，而不是跪拜之礼。有人劝汲黯改变态度，但汲黯坚持自己的做法。

卫青知道后，并没有生气，反而更加尊重汲黯，经常向他请教问题。这再次证明了卫青的谦逊有礼不是一种表面姿态，而是真正发自内心地尊重他人。

在现代职场中，一个人的职业成功不仅取决于他的专业能力和经验，更与他的品格和态度息息相关。如果你能像卫青一样保持谦逊有礼的态度，他人就更愿意与你合作，为你提供更多的机会和资源，从而推动你的事业发展。

乐于倾听

乐于倾听是低调做人的又一个重要方面，要求我们在交流中多给予他人表达的机会，认真倾听他人的意见和建议。通过倾听，我们能够更好地理解他人的需求和想法，从而促进有效的沟通。同时，乐于倾听也能够展现我们的耐心和关注，增强与他人的联系和彼此间的信任。

刘邦是“混混”出身，最终打败武功盖世的大英雄项羽而夺得天下，与他乐于倾听属下谏言有很大关系。

在攻打南阳时，刘邦听取门客陈恢的“约降”建议，不仅避免了战争，还扩大了自己的势力范围。进入秦宫后，面对眼前的诱惑，他是能够虚心接受樊哙和张良的逆耳忠言，克制私欲，安抚秦民。这些都充分展现了他乐于倾听的品质。

刘邦的乐于倾听并非盲目听从，而是能够根据当时的情况做出正确的判断。在鸿门宴上，他听从张良的建议，成功脱险；在被封为汉王后，他又采纳了韩信的计策，收复了关中失地。这些成功的例子都证明了刘邦不仅乐于倾听，而且善于倾听。

与刘邦形成鲜明对比的是项羽。项羽虽然勇猛无比，却刚愎自用，不愿听取他人的意见，这使他在关键时刻一次次坐失良机，最终走向灭亡。而刘邦则凭借其乐于倾听的品质，赢得了人心，也赢得了天下。

在职场中，乐于倾听同样至关重要。刘邦因倾听而胜，项羽因不听而败，这充分说明了倾听的重要性。作为职场人，我们应该学会倾听同事和上级的意见，这不仅有助于促进有效沟通，还能帮助我们做出更明智的决策。

积极主动

积极主动是高调做事的重要特征，它要求我们在面对工作任务时，不等待、不推诿，主动承担责任，积极寻找解决问题的办法。通过积极主动的表现，我们能够展现自己的责任心和执行力，提高工作效率和质量。同时，积极主动也能够为我们赢得更多的机会和挑战，有利于促进个人的成长和发展。

长平之战后，秦昭襄王派大军围攻赵国首都邯郸，赵孝成王派平原君前往楚国求援，平原君准备带领 20 名有勇有谋的门客前往楚国，但挑来挑去只挑选了 19 人。这时，毛遂主动站了出来，自荐成为第 20 人。

毛遂的积极主动并非一时冲动。他深知自己的才能，也明白赵国面临危机。当平原君对他的能力表示怀疑时，他自信地回答道："锥子处在囊中，它的尖梢就会立即显现出来。"他相信，只要有机会，自己一定能脱颖而出。

在与楚国的谈判中，毛遂再次展现了他的积极主动。当平原君与楚王的谈判陷入僵局时，他毫不犹豫地站了出来，以犀利的言辞和过人的智慧说服了楚王，不仅赢得了楚王的尊重和赞赏，也为赵国搬来了援军。

毛遂的积极主动，犹如一把利剑，在困境中劈开一条光明之路。在职场中，机会和挑战并存，只有像毛遂一样敢于自荐、勇于担当，才能抓住机遇、应对挑战。让我们以毛遂为榜样，保持积极主动的心态，不断提升自己的能力和素质，成为职场中的佼佼者，创造出属于自己的精彩人生。

低调做人，如深谷幽兰，暗香浮动；高调做事，如苍鹰搏空，勇往直前。谦逊有礼、乐于倾听，是内心的修养，也是职场的智慧；积极主动是行动的力量，更是成就事业的基石。职场之路虽充满挑战，但只要我们秉持此道，定能披荆斩棘，创造辉煌。

装傻充愣，懂得藏拙

装傻充愣，实则是职场高手以柔克刚的策略，于守愚中得巧思，在静默中觅机遇。懂得藏拙是智者韬光养晦，深藏不露，避免无谓的争斗与损耗的行为。在竞争激烈的职场舞台上，唯有学会适时隐匿锋芒，方能稳步前行，笑对风云变幻。此乃职场生存的智慧，亦是人生的通达之境。

言语上的装傻充愣

在职场中，不必时刻展现自己的聪明才智，在面对一些敏感或复杂话题时，可以适当地装傻充愣，用含糊其词或简单直接的回答来避免进行深入讨论。这样既能保护自己不被卷入是非，也能给人留下低调、踏实的印象。

东汉末年，曹操的谋士杨修才华横溢，聪明绝顶，然而，他因未能在关键时刻装傻充愣而最终招致杀身之祸。

曹操性格多疑，常对左右说："我梦中好杀人，睡着时千万不要靠近我。"一日，曹操在帐中假寐，故意落被于地，一近侍欲为其盖被，曹操即起而杀之，复又睡去。次日晨起，曹操惊问："谁杀我近侍？"众人以实情相告，曹操痛哭，下命厚葬，众人都相信曹操是梦中杀人。

然而，杨修洞悉其谋，临葬时指着近侍的尸体感叹道："不是丞相在梦中，而是你在梦中啊！"此言一出，曹操对杨修心生厌恶。

更为严重的是，在曹操出兵汉中、进退维谷时，杨修再次展现了他的聪明才智，但他并不是用这些才智来帮助曹操解决问题，而是擅自解读曹操的口令"鸡肋"，并命令随行军士收拾行装准备撤退，这一举动在军中引起了轩然大波，使曹操的处境非常尴尬。

曹操得知此事后大为震怒，以扰乱军心的罪名将杨修斩首示众。杨修的聪明才智反而成了他的催命符，如果他能够在言语上多一些装傻充愣，保持低调和谨慎，这样的悲剧就不会发生了。

行为上的不张扬

工作中，不必过分展示自己的能力和成果，适当地隐藏一些实力，保持谦逊低调的态度，能够避免引起他人的嫉妒和敌意。同时，这种不张扬的行为也能够让人更加专注于工作本身，而不是过多地关注个人的表现。

同为曹操的谋士，与杨修的做法截然相反的是荀攸。荀攸，字公达，是曹操的军师，才智过人却行事低调。在曹操征伐吕布时，荀攸劝阻曹操退兵，并设计水淹城池，成功活捉吕布。在官渡之战中，他更是献上声东击西之计，斩杀颜良和文丑，立下赫赫战功。荀攸虽然功绩卓著，但从不张扬自己的才华。

曹操对荀攸的评价极高："军师荀攸，从开始就辅佐臣下，没有哪次出兵没有跟从，前后多次战胜敌人，都是靠荀攸的谋划。"荀攸的智谋之深，使得曹操在决策时常常寻求他的意见，但荀攸从不以此自夸，反而更加谦逊有礼。

荀攸的低调行事风格不仅赢得了曹操的尊重，也赢得了同僚的敬佩。他的好友钟繇曾说："每当我意图有所行动时，我都会反复思考，自以为已经考虑得很周全，没有遗漏了。但当我向荀公达咨询时，他总是能给出超出我预期的建议，让我深感他的智慧之高超。"然而，如果别人不问荀攸，他是不会轻易多嘴的。

荀攸的不张扬，使得他在三国这个充满纷争和争斗的时代得以保全自身，同时也为曹操统一北方立下了汗马功劳。他的故事告诉我们，在工作中，不必过分炫耀自己的才华和成果，适当地保持谦逊和低调，更能赢得他人的尊重和信任。

情绪上的控制与隐藏

在职场中，情绪管理至关重要，无论遇到何种情况，都要保持冷静、理智的态度。通过装傻充愣来隐藏自己的情绪反应，能够避免被他人看透内心的想法和弱点，同时，控制与隐藏情绪也能让我们更加专注于工作本身，不被情绪左右。

在职场中，情绪的控制与隐藏往往关乎成败。这一点，司马懿在三国后期的曹魏集团内部争斗中，做得相当到位。

当时，曹魏集团内部司马氏的势力日渐壮大，有取代曹氏之势，为了抑制司马氏，曹爽夺走了司马懿的兵权。面对如此重大的打击，司马懿并未表露出任何不满或愤怒，反而选择装病来隐藏自己的情绪和真实意图。

每当朝廷派使者来探病，司马懿都装出越来越重的样子。他的这一举动成功地麻痹了曹爽，让曹爽误以为他已经失去了威胁，而实际上，司马懿正在暗中策划一场政变。

当曹爽派李胜前来试探时，司马懿让侍女服侍，拿衣服时，衣服掉落，喝粥时，粥都洒在胸口上，而没有露出任何破绽。这一切都是为了让李胜相信他真的已经病入膏肓，从而放松警惕。

果然，李胜回去后将看到的情况报告给了曹爽。曹爽听后满心欢喜，再不把司马懿放在眼里。司马懿听说了后将看到的情况，知道机会来了，给曹爽安了个罪名并将其除掉。

司马懿的成功，很大程度上归功于他对情绪的控制与隐藏。他能够在面对重大打击时保持冷静，不被情绪左右，更能够通过装傻充愣来隐藏自己的真实意图，这样的情绪管理能力，让他在斗争中取得了成功。

在职场中，装傻充愣并非真愚，而是智者的自我保护与深谋远虑。正如杨修聪明反误己身，荀攸低调则功成，司马懿深藏终露峥嵘，职场如战场，需审时度势，适时隐匿锋芒，方能风生水起。智者守拙，愚者炫智，此乃职场生存的智慧，亦为人生通达的秘诀。

以退为进，智慧布局

在职场上，有时需要以退为进，暂时的退让不是懦弱，而是为了更好地观察局势、积蓄力量。退一步海阔天空，明智地选择后退，是为了更好地前进，实现更高的目标。深谙以退为进之道，才能在职场中游刃有余，成就非凡。

不显锋芒，暗中观察

在复杂多变的职场环境中，不显锋芒是一种智慧。通过减少自己的存在感，可以暗中观察周围人的行为和态度，收集信息，为未来的决策做好准备。这种暂时的退让，能够让你更加清晰地了解局势，避免不必要的冲突和误解。

北宋时期，有两家皇亲因财产分配不均而争执不休，甚至连皇帝也无法决断。后来，这个任务落在了宰相张齐贤的肩上。面对这种可能情况，张齐贤低调行事，不显露出任何偏向一方的迹象。

他决定亲自调查两家的财产状况。经过仔细查实，他发现两家财产实力相当，都拥有富丽堂皇的府邸和无数珍宝，这让张齐贤深感人的欲壑难填，同时也让他有了定计。

他没有急于行动，而是暗中观察，等待时机。两家人向他大诉不满，都说对方分得多，自家吃了亏，希望他能做出公正的裁决。张齐贤耐心地听着他们的抱怨，脸上始终保持着平静的笑容，并没有立即做出决断，而是让他们回去等待。在暗中观察的过程中，他逐渐摸清了两家的底细和心态。

最终，在公堂上，他巧妙地利用了两家人都认为自己分得少、对方分得多的心理，让他们互相调换了财产，这个结果既出乎两家的意料，又让他们无法反悔。张齐贤的智慧和策略赢得了皇帝的赞赏和朝野的敬佩。

张齐贤巧妙化解了皇亲国戚间的财产纠纷，展现了他的深思熟虑和卓越智慧。这个故事告诉我们，在职场上，暂时的退让和暗中观察，能够使我们更好地了解局势、把握机会，以最小的代价赢得最大的胜利。

主动让步，展现格局

在职场中，有时为了整体利益或团队和谐，我们需要主动做出一些让步，这种让步不是软弱，而是展现我们的大局观和领导力。通过主动让步，我们可以赢得他人的尊重和信任，为未来的合作和发展铺平道路。

明朝时期，有一位大臣名叫严讷，他以卓越的智慧和宽广的胸怀赢得了人们的尊敬。有一年，严讷决定建一座大宅，在规划时，需要拆除一座旧民房，这是一家卖酸酒的小店铺，但店主不愿搬迁。

面对这一难题，严讷没有采取强制手段，而是主动让步。他命令府中所需的酸酒全部向这家小店铺购买，而且不计较价格，预先付款，这一举措不仅让这家小店铺的生意兴隆起来，也赢得了店主的信任和尊重。

随着工程的开展，店主逐渐感受到了严讷的诚意和善意，意识到，严讷并不是在逼迫自己搬迁，而是在用实际行动帮助自己改善生活。于是，当工地需要更多空间时，店主主动提出让出房屋。

严讷得知后，非常高兴。他并没有因为店主之前的拒绝而怀恨在心，反而更加尊重他们的决定。他命令主管人在附近找到一所宽敞的新屋买下送给店主，并帮助店主顺利搬迁。这一举动再次展现了严讷的大局观和领导力，最终，大宅顺利建成。

严讷的故事告诉我们，“主动让步，展现格局”不仅是一种智慧，更是一种胸怀和境界。在职场中，我们应该像严讷一样用智慧和胸怀去化解难题、赢得尊重，创造皆大欢喜的结局。

避免对抗，巧妙迂回

在职场中，有时会遇到一些难以直接解决的问题或冲突，这时，避免对抗、巧妙迂回是一种有效的策略。通过寻找当事方都能接受的解决方案，或者采取间接的方式影响对方，我们可以在不损害关系的前提下解决问题。

隋文帝在位时，西宁州的酋长们常常因为争夺金子而引发无休止的冲突。新任西宁州刺史梁毗面临一个棘手的问题：如何在不直接对抗的情况下，平息这场纷争？

梁毗深知，直接禁止酋长们争夺金子只会引起更大的反抗。因此，他决定采取一种以退为进的迂回策略。他先是接受了酋长们赠送的金子，然后邀请他们赴宴，这一举动让酋长们误以为梁毗已经被他们收买，从而放松了警惕。

在宴会上，梁毗突然将收到的金子全部展示出来，并放声大哭，这一举动让酋长们惊愕不已。梁毗趁机哭诉道："你们为了这些金子争得头破血流，现在却把它们送给我，是想让我也陷入这场纷争吗？"

酋长们纷纷表示他们并无此意，只是出于对梁毗的尊敬才赠送金子的。梁毗趁机进一步引导他们认识到金子的危害，说道："这些金子就像毒药，让人沉迷其中，无法自拔。只有摒弃对金子的执着，才能真正实现和平。"

酋长们被梁毗的话深深打动，纷纷表示愿意放弃争夺金子。梁毗见时机成熟，便将金子一一归还给酋长们，并勉励他们团结友好，共同发展。

这一举动不仅平息了酋长们的纷争，还让梁毗赢得了他们的尊敬和信任。隋文帝得知此事后，对梁毗的智慧和胆识大加赞赏，并提拔他为大理卿，掌管全国司法。

梁毗成功地平息了酋长们的纷争，展现了他的高超智慧和卓越的领导才能。这个故事启示我们，在职场上，面对难以直接解决的问题或冲突，我们应该学会巧妙地寻找对大家都有益且都能接受的方案，以实现双赢。

职场之路，布满荆棘，然而智者总能游刃有余。以退为进，并非懦弱之举，实乃智慧之选；于无声处听惊雷，于无色处见繁花，不显山露水，反而能洞察先机；主动让步，看似妥协，实则赢得更多；巧妙迂回，避免正面冲突，方显策略的高超。职场如棋局，落子有声，步步为营，方能成就辉煌。

陆

各得其所·识才用人篇

识才用人是一门高深的艺术，要求我们能够准确地识别每个人的优点和潜力，并将其放在最合适的位置上。通过这样的布局，每个人都能在自己的岗位上发挥出最大的价值，团队的整体效能也将得到显著提升。识才需要敏锐的洞察力和丰富的经验积累，而用人则需要公正的心态和灵活的策略，只有掌握了识才用人的智慧，我们才能在人才竞争中占据优势地位。

尊重差异，包容多样

差异如同繁星，点亮了思想的夜空；多样犹如彩虹，装点了创新的画卷。尊重差异，是以人为本的体现，让每一颗心都自由跳动；包容多样，是开放包容的胸怀，让每一种才华绽放光彩。在人才管理的舞台上，让我们以开阔的视野和博大的心胸，携手共筑美好未来。

促进创新思维

尊重差异意味着接纳不同的观点和思考方式，这种多样性能够激发创新思维，推动团队在解决问题时考虑更多的可能性。不同的经验和知识背景为团队带来了更丰富的视角，有助于打破思维定式，发现新的解决方案。

汉高祖刘邦能够夺得天下，与他的包容心态和多样化的人才策略密切相关。刘邦手下的谋士们性格各异，能力出众。这种差异性使刘邦的团队能够以各种视角看问题，用不同的思考方式解决问题。

张良擅长运筹帷幄之中，决胜千里之外；陈平则以机敏和智谋赢得了刘邦的信赖；陆贾以文采飞扬、口才出众著称；郦食其则以独特的性格和独到的眼光为刘邦出谋划策。这些谋士在刘邦的团队中各展所长，共同为解决问题和实现目标而努力。

正因如此，刘邦的团队在面对各种复杂问题时，都能够从不同的角度思考，提出创新性的解决方案。这种创新思维不仅有助于刘邦在战争中取得胜利，更为他建立一个稳定而繁荣的国家奠定了基础。

从刘邦的例子中，我们可以看到尊重差异、包容多样对促进创新思维的重要性。一个团队或组织要取得成功，必须拥有多样的人才，包容不同的观点，只有充分尊重和利用差异，才能激发出更多的创新思维，推动团队不断进步和发展。

增强团队凝聚力

包容多样能够营造一种开放、包容的氛围，让团队成员可以积极参与、充分表达观点，最终形成更有创造力的决策。这种氛围有助于增强团队成员的归属感和参与感，进而提升整个团队的凝聚力和战斗力。

清朝康熙皇帝在位时间很长，他深知一个强大的国家离不开一个团结、有凝聚力的团队，在构建团队时，他展现出极高的智慧和包容性。他尊重并重用汉族官员，如张廷玉、李光地、姚启圣、施琅等人，让他们在朝廷中担任重要职位，促使他们为清朝的繁荣稳定做出了巨大贡献。

张廷玉以卓越的政治智慧和才干，为康熙皇帝提供了许多宝贵的建议，成为朝中重臣；李光地则以深厚的学识和忠诚赢得了康熙皇帝的信赖；姚启圣和施琅则在军事领域展现了出色的才能，为康熙皇帝收复台湾立下了赫赫战功。

康熙皇帝对这些汉族官员的重用，不仅体现了他对文化和民族融合的高度重视，也展示了他对差异的尊重和包容。这种用人策略使得满汉官员之间建立起良好的合作关系，从而共同为清朝的稳定和繁荣努力。这种团队的凝聚力和战斗力为清朝的长期统治提供了坚实的保障。

康熙皇帝的用人策略启示我们，在人才管理上应尊重并包容多样性，积极营造开放、包容的氛围，让不同背景的人才都能积极参与、充分表达观点，这样不仅能激发团队的创造力和创新力，还能增强团队成员的归属感和参与感，进而提升整个团队的凝聚力和战斗力。

提高适应能力

在快速变化的环境中，团队需要不断适应新的挑战和机遇，尊重差异、包容多样能够让团队更好地理解和应对外部环境的变化，因为团队成员拥有不同的经验和技能，能够更灵活地应对各种情况。

在风云变幻的战国时期，各国的政治家们都在努力适应不断变化的环境，寻找生存和发展的机会。孟尝君作为齐国的一位重要政治家，深知提高适应能力对团队的重要性，也明白一个团队要具备强大的适应能力，必须尊重并包容团队成员之间的差异。

孟尝君养有门客三千，他们具有不同的背景，拥有各异的技能和经验。孟尝君特别注意尊重和包容门客们的差异，深信每一个门客都有独特的价值和贡献，这就使得门客们愿意在关键时刻为他效力，与他共同应对各种挑战。

当孟尝君被秦昭襄王软禁时，他的人身安全面临着巨大的威胁。在这个关键时刻，门客中不起眼的“鸡鸣狗盗”之徒发挥各自的特长，帮助他成功脱险。

一位门客利用自己的高超技能，冒险潜入秦王国库，成功地盗回了孟尝君送出去的狐白裘，献给秦昭襄王的宠妾，从而为孟尝君的脱身起到了关键作用。另一位门客则发挥他独特的模仿能力——学鸡叫，使得函谷关的关吏提前打开关门，为孟尝君逃离秦国创造了机会。

孟尝君成功脱险的故事表明，一个团队要具备强大的适应能力，必须尊重并充分利用每个成员的独特之处。这样，在面对变化和挑战时，团队成员能够灵活应对各种情况，发挥各自的优势和特长。

尊重差异，包容多样，如同海纳百川，有容乃大，在人才管理的世界里，这不仅是智慧的体现，更是成功的秘诀。在纷繁复杂的世界中，我们应以开阔的视野和包容的心态，珍视每一种独特的声音和色彩，从而构建丰富多彩的世界。

人尽其才，各得其所

“人尽其才，各得其所”显示的是管理者的智慧，它象征着和谐与平衡，如同琴弦上的每一个音符，各自独立却共同谱写出美妙的乐章。每个人都如同独特的宝石，只有在合适的位置上，才能闪耀光芒，这不仅仅是对个体的尊重，更是集体力量的最大化。要达到此境界，不仅需要个体的努力与觉醒，更需要管理者的宽容与引导。

慧眼识珠，辨才如炬

每一位卓越的管理者都拥有慧眼识珠的能力，他们如炬的目光能穿透表象，直抵人才的本质。他们不仅能看到员工现在的表现，更能预见其未来的潜力，这样的识别不仅为组织带来了源源不断的活力，也让每个员工在最适合自己的岗位上绽放光彩。

唐贞观年间，某一天，唐太宗从常何的奏章中察觉到了异常：这份奏章条理清晰、见解独到，与常何往日的文风大相径庭。在唐太宗的追问下，常何只好承认奏章是他家门客马周写的。得知真相后，唐太宗并未责怪常何，反而对马周产生了浓厚的兴趣，立刻派人请马周入宫，急切地想要见见这位才华横溢的人才。

当马周来到宫中时，唐太宗迫不及待地与他展开了交谈。经过一番深入的交流，唐太宗发现马周不仅学识渊博、见解独到，而且有着非凡的政治才能，当即决定重用马周，让他担任门下省的重要职务。马周没有辜负唐太宗的期望，充分发挥自己的才能和智慧，为唐朝的发展做出了卓越的贡献。

唐太宗的“慧眼识珠”不限于对马周的重用，在他的统治下，许多被忽视或被误解的人才都得到了重用。例如，尉迟敬德曾是刘武周的部将，投降唐朝后遭遇了叛变风波，但唐太宗看中了他的忠诚和才能，力排众议重用他。尉迟敬德不负所望，在战场上屡立战功，成为唐朝的一位杰出将领。

此外，对于少数民族的人才，唐太宗并不因为他们的出身或民族身份而有所偏见，只要他们有才能、有忠心，就会重用他们。

唐太宗深知“致安之本，惟在得人”的道理，他的“慧眼识珠”成为治国理政的一大法宝。他善于发现人才、重用人才，开创了“贞观之治”的盛世。

量身定制，逐梦引航

真正的管理智慧在于为每位员工量身定制发展路径。管理者深入了解员工的兴趣、特长和职业规划，为他们绘制出清晰的成长蓝图，这种个性化的引导如同为追梦者引航，让员工在成长的道路上不再迷茫，充满动力地向前迈进。

刘邦在取得天下之后的一次庆功宴上，向群臣提出了一个问题："我们如何能得天下，而项羽又如何失去天下？"

有人说："陛下获天时、占地利。有上苍保佑，有神佛扶持，显示了真命天子的本色。"

刘邦听了笑而不语。

又有人说："陛下更有人和，有功必赏，有过则罚，赏罚分明，故而众志成城，齐心协力，夺取天下。而项羽嫉妒有才能的人，谁有本事就怀疑谁，打了胜仗也不记功，得到了土地也不给记功，因此，他才会失败。"

刘邦微笑着说："你们的话对也不对，所谓对者，只知其一，所谓不对者则不知其二矣。"

刘邦接着解释道："论出谋划策，运筹帷幄，我比不上张良；论治国安民，筹措粮草，我比不上萧何；论指挥军队、统兵作战，我比不上韩信。我之所以能统一天下，并不是我有什么超人的本领，更不是有什么神灵保佑，只不过我看到了自己的不足，借用别人的长处来补偿自己的不足。处处礼待像张良、萧何、韩信这般能人，信任他们，充分发挥他们的才能，所以才得了天下。而项羽则相反，他认为自己了不起，看不见别人的才能，其实他手下也有许多有才能的人，但由于他容不得人，有的跑到我这里来了，有的销声匿迹了，连范增这样有本事的人都不予任用，所以就失去了天下。”

这正是刘邦“量身定制”的领导智慧的体现。他不像项羽那样盲目自信、忽视他人的才能，而是善于发现并利用每个人的优点和特长。他根据每个人的能力和兴趣来分配任务，让每个人都能在最适合自己的位置上发挥出最大的价值。这为我们今天的管理者提供了宝贵的启示：只有懂得“量身定制”，才能真正激发员工的潜力，实现组织的持续发展。

策马扬鞭，奋蹄前行

有效的激励机制是管理者手中的重要工具，他们懂得如何策马扬鞭，激发员工的内在动力。在这种激励下，员工如同奋蹄前行的骏马，勇往直前，不断挑战自我，超越极限。这种激励机制不仅提升了员工的工作效率，也为组织的发展注入了强大的动力。

张居正是明朝一代名臣，也是中国历史上一位大改革家，而他能成大器与一个人对他的激励有关。

张居正年纪尚幼时首次参加了乡试，他对中举很有信心，却意外落榜。正当他陷入失落和自我怀疑时，巡抚顾璘邀请他前往一叙。

通过交谈，张居正才知道：他的答卷被众考官争相传看，一致主张录取，但顾璘看后，认为张居正并不是一般的人才，日后有望成为国家的栋梁之材。可是，他此时年纪尚幼，过早中举可能对他未来的发展不利，于是，顾巡抚决定采用一种特殊的激励方式——让张居正在乡试中受挫，让张居正更加清醒地认识到自己的不足，从而更加努力地学习。

果然，这次的失败成了张居正人生中的一次重要激励。他明白顾巡抚的良苦用心，潜心来刻苦学习了三年。三年后，他再次参加乡试，一举中第。

顾巡抚的激励不仅让张居正在学业上取得了更大的成就，更重要的是培养了他坚韧不拔、勇往直前的品格。这种品格伴随他一生，使他在后来的政治生涯中能够排除万难、开创明朝中兴的大业。

顾巡抚的激励方式告诉我们：真正的激励并非简单的赞美或鼓励，而是根据个体的实际情况和需要，采用恰当的方式激发其内在潜力。这样的激励能让个体在成长的道路上不断前行、不断超越。

好的管理者就像伯乐一样，能发现每个人的独特之处，并把他们放到最合适的位置上，让他们发光发热。这样的智慧使团队更加和谐，也让每个人都能发挥出自己的最大潜力。这样的智慧有助于谱出和谐的乐章，引领组织扬帆远航，在风浪中稳健前行，走向更加辉煌的未来。

容人之短，用其所长

用人如器，各取所长。明智的领导者懂得包容下属的短处，而善于发挥他们的长处，因为每个人都有独特之才与局限之处。短处不应成为束缚手脚的沉重枷锁，而应成为激发潜力的不竭动力。在人才管理上，我们要善于挖掘并善用人才的优点和长处。

不可以求全责备

在人才选拔与任用中，求全责备是一种常见但错误的做法。每个人都有自己的优点和短处，世上没有完美无瑕的人，若只盯住短处不放，不仅会埋没人才，还会让团队失去宝贵的多样性。因此，明智的领导者应学会接受并包容下属的不完美，专注于发掘和利用他们的长处。

春秋时期，卫国有一个名叫宁戚的士人，他满腹经纶，却因时运不济而未能施展才华。宁戚听闻齐桓公广纳贤才，便怀揣着满腔热血，渴望在齐国一展宏图。然而，家境贫寒的他连前往齐国的路费都筹措不到。

一日，宁戚得幸为一名商人驾车，终于踏上了前往齐国的道路。夜幕降临时分，他们抵达齐国都城，却因城门已闭而不得入内，于是，一行人在城外的客栈暂且安顿下来。

此时恰逢齐桓公自郊外迎接贵宾归来，车水马龙、灯火辉煌的场面令宁戚心生感慨。他站在车旁，一边喂牛，一边遥望着那支气势磅礴的队伍，心中不禁涌起一股莫名的哀愁。于是，他轻拍牛角，高声吟唱道："南山矸，白石烂，生不逢尧与舜禅。短布单衣适至骭，从昏饭牛薄夜半，长夜漫漫何时旦？"

歌声传到了齐桓公的耳中，他赞叹道："此歌声美妙绝伦，唱歌者定非等闲之辈！"于是，他命令随从将宁戚带入城中。宁戚沐浴更衣后，被带到齐桓公面前。

初次见面，宁戚便向齐桓公阐述了治理齐国的方略，齐桓公听后并未立即表态。第二次会面时，宁戚畅谈了治理天下的宏伟蓝图，齐桓公大为赞赏，欲委以重任。

此时，群臣却纷纷提出异议："此人不过是卫国的贫贱之士，大王何不派人前往卫国查证其底细？若真是贤才，再任用也不迟。"齐桓公却摆手说道："不必了。若细查其过往，恐会发现些许瑕疵。若因一点小不足而忽略其大才，那才是君主失策之处。"

齐桓公的决策彰显了真正的领导智慧：在选拔人才时，不应苛求完美，而应聚焦于发掘和利用他们的独特优势。正是这种包容心态和远见卓识，使得齐桓公能够汇聚天下英才，为齐国的繁荣奠定坚实的基础。后世领导者当以此为鉴，以更加开放和包容的心态来选拔和任用人才。

长处的放大效应

每个人都有自己擅长的领域和独特的才能。领导者要善于发现并放大下属的长处。领导者通过提供适当的平台和机会，让下属在擅长的领域充分展现自己，不仅能够提升他们的工作热情和效率，还能为团队带来更大的价值。这种正向的激励和认可，也是对员工最好的鼓励和奖励。

三国时期，孙权麾下有一位将领名叫吕蒙，他年少时便以勇猛善战著称，但文化素养相对较低。孙权并未因此看轻吕蒙，反而着意培养他，希望他能成为一位文武双全的将才。

孙权对吕蒙说："你现在掌管军中事务，不能不学习！"吕蒙以军营中事务繁多为理由加以推辞。孙权鼓励道："我难道想要你钻研经书成为传授经书的官吗？只不过要你粗略地阅读，了解历史罢了。你说事务多，谁的事务能比我多呢？我常常读书，自己感到十分有益处。"在孙权的激励下，吕蒙开始刻苦钻研各种史书、兵书，走上了自学成才之路。

随着吕蒙学识的增长，他的才能和谋略得到了极大的提升。孙权发现了吕蒙的潜力和进步，更加重用他，让他担任越来越重要的职务，直至大都督。吕蒙不负所望，屡建奇功，攻皖城、取三郡、袭荆州，成为东吴的一位杰出将领。

孙权对吕蒙的培养和重用，不仅提升了吕蒙的个人能力，也为东吴国家带来了更大的价值。吕蒙在孙权的激励下，不断发掘自己的潜力，最终成为一位能文能武的帅才，为东吴的繁荣稳定做出了重要贡献。这充分证明，领导者要善于发现并放大下属的长处，通过正向激励和认可，帮助下属实现自我提升和价值最大化。

短处的转化策略

短处并非一成不变，通过适当的引导和培训，有可能转化为新的长处。领导者应具备洞察人心的能力，了解下属的短处所在，并设法将其转化为潜在的优势。这种转化不仅有助于员工的个人成长，也能为团队带来更加多元化的视角和提升解决问题的能力。

汉高祖刘邦以善于用人著称。在他得到天下后，张良、韩信、萧何三人受到了他的高度赞扬。还有一人，虽不显眼，却为刘邦立下了汗马功劳，那就是陈平。

陈平家境贫寒却好学不倦，曾以公平分配祭肉赢得乡邻称赞。他身处底层却心怀天下，在动乱时期，先后投奔魏王咎、项羽，但均未得到重用。直至遇见刘邦，他的命运才发生了转折。

刘邦初见陈平，便被他的谈吐和见解吸引，尽管陈平刚从项羽阵营逃出来，但刘邦毫不犹豫地任命他为都尉，让他负责监督各部将领。此举引起了部分将领的不满，他们纷纷议论陈平的过去，甚至攻击他的人品。

面对非议，刘邦并未动摇对陈平的信任。当周勃、灌婴等人向刘邦进言，指责陈平品德有问题时，刘邦召来陈平进行询问。在听了陈平诚恳的解释后，刘邦更加信任他，还升了他的职。后来，陈平“六出奇计”对刘邦夺取天下起了重要作用。司马迁对他的评价也很高，将他列入《史记》的“世家”之中。

刘邦的用人之道在于“舍短用长”，他知道陈平的过去，但陈平的智谋和才能正是自己所需要的，他看中的是陈平的能力而非过去，这正是他作为领导者的智慧所在。领导者要善于发现并利用下属的长处，同时将下属的短处转化为潜在的优势，这样才能最大限度地发挥每个人的价值，实现团队的成功。

在人才的世界里，没有完美无瑕的个体，只有独具匠心的组合。真正的领导者，如齐桓公与刘邦，深谙“容人之短，用其所长”之道，善于从每个人身上发现独特的闪光点，并将其汇聚成璀璨的星河。他们不因一时的瑕疵而忽略人才，而以包容的心态和远见的卓识任用人才，从而引领团队走向辉煌。

得人心者得人才

人心就像流水，会流向对自己有益的地方；人才就像星星，会聚集在有眼光的领导者周围。只有真诚待人、讲信用，才能赢得大家的信任和支持，吸引最优秀的人才。人心的支持与否，决定了事业的成败；人才的聚集流失，关系到团队的兴衰。所以说，只有得到人心，才能真正得到天下的人才。

真诚交往，以心换心

真诚交往是赢得人心的关键，更是吸引人才的基石。以心换心，方能拉近彼此的距离，消除隔阂，让人感受到温暖与信任。得人心者，不仅能收获友谊和支持，更能汇聚天下英才，共同成就一番伟业。因为，人心所向，即是人才所聚。

战国时期，魏国的信陵君以礼贤下士著称。他听闻看门小吏侯嬴有才能，便亲自带厚礼去拜访，然而侯嬴却以“修身养性，敦励品行，功名利禄已与我无缘”为由拒绝了礼物。信陵君并未就此放弃，反而更加敬重侯嬴的为人。

一次，信陵君设宴款待宾客，他亲自驾车去迎接侯嬴，特意空出左边的尊贵位置留给侯嬴，侯嬴也毫不客气地坦然入座。途中，侯嬴突然要求停车，要去市场看望朋友朱亥——一位卖肉的屠户。信陵君毫不犹豫，亲自驾车前往并耐心等待二人聊完。

直到回府后，侯嬴才解释了自己的行为："我故意在集市上拖延时间，是为了观察你的反应。如今看来，您果然是位谦恭下士的长者。"

几年后，赵国被秦军围攻，形势危急，信陵君决定亲自率军援赵。临行前，他向侯嬴辞行，侯嬴授以妙计从而通过魏王宠姬如姬窃得虎符。在晋鄙见虎符而不肯交出军队时，是朱亥帮他杀死晋鄙而成功夺取兵权，最后击退了秦军。

然而，就在信陵君成功的那天，侯嬴却实践了自己的诺言——"当你到达晋鄙大营时，我将面向北方自杀以报公子。"他果然面向北方自刭身亡。

信陵君以真诚之心礼遇侯嬴，不因身份悬殊而有所怠慢，而侯嬴以死相报，并助其成功击退秦军，此乃真诚交往、以心换心之典范。真诚如磁石，吸引人才；信任如基石，支撑大业。唯有真诚待人，方能得人心、聚人才，共创辉煌。

倾听心声，理解需求

倾听是一种智慧，一种能够穿透人心、洞察需求的艺术。

得人心者善于倾听，他们用心聆听每一个声音，感受每一份期待。在倾听中理解，在理解中满足，以此打开人才的心扉，赢得人才的忠诚。因为懂得倾听，所以能够拥有天下的贤才。

韩信被誉为“兵仙”，却也曾在迷茫中寻找机会。韩信在项羽麾下时如明珠暗投，未被重用，而后他投奔刘邦，希望能在此施展才华。然而，初投刘邦之时并未如他所愿，他仍是个被忽视的存在。

幸亏，萧何因多次与韩信交谈而深知其军事才能，当韩信因失望而欲离去时，萧何不顾一切地去追赶，从而留下“萧何月下追韩信”的千古佳话。

回到刘邦身边后，面对刘邦的抱怨，萧何说：“如韩信者，国士无双，大王若只想做汉中王，自然用不上他；但若要争夺天下，非韩信不可。”刘邦被萧何的决心所打动，决定重用韩信。

刘邦知道，要得到韩信的真心，必须给予他足够的尊重和认可，于是他按照萧何的建议，设坛拜将，给予韩信最高的荣誉。当韩信站在高坛上，接受全军将士的瞩目时，他感受到刘邦的诚意，知道自己终于找到了可以施展才华的舞台。

韩信没有辜负刘邦的期望，他带领汉军打败项羽，帮助刘邦夺得天下，建立了辉煌的汉朝。韩信的成功不仅是他个人才华的体现，更是刘邦倾听心声、理解需求、善用人才的明证。这个故事告诉我们，只有真正懂得倾听和理解，才能赢得人心，获得人才的辅助。

建立信誉，赢得尊重

信誉如金，珍贵而难得。得人心者视信誉为生命，他们用诚信铸就金字招牌，赢得尊重和信赖。尊重是吸引人才的磁石，信赖是留住人才的纽带。得人心者以信誉立世，以尊重待人，从而吸引无数人才竞相投奔。

燕国内乱之时，齐国趁机发兵侵占燕都，燕昭王继位后决心收复失地，便向郭隗请教如何招贤纳士。郭隗深知贤才对于国家的重要性，向燕昭王讲述了一个“千金买骨”的故事。

故事中国君要买的千里马死了，仍以重金购买千里马的骨头以示诚意，最终吸引了更多的千里马。郭隗借此告诉燕昭王：“大王若欲招揽天下贤士，请以老臣为‘马骨’，如此，比我更有才能的贤士必会云集而来。”

燕昭王深受启发，立即拜郭隗为相国，并为他修建宫室，执弟子之礼亲供饮食，以示尊重，同时在易水旁筑起黄金台，广招四方贤士。燕昭王尊贤好士的名声很快传遍天下，吸引了众多治国能臣前来投奔。

其中有来自赵国的剧辛、来自齐国的邹衍……他们纷纷为燕国的复兴贡献自己的力量。在燕昭王的英明领导和众贤士的共同努力下，燕国逐渐恢复了往日的辉煌，最终成功打败了齐国、收复了失地。

燕昭王以“千金买骨”的诚意建立信誉，成功吸引了天下贤士，并用实际行动赢得了尊重，复兴了燕国。信誉与尊重，如磁石般吸引人才，又如纽带般凝聚力量。

得人心者得人才，此乃亘古不变之真理。真诚交往，倾听心声，建立信誉，皆为赢得人心之要诀。人心如流水，善待之则聚；人才如星辰，诚信则至。唯有以心相交，以信相待，方能汇聚英才，共创大业。

留住人才不能仅靠物质

留住人才，绝非仅靠物质就能实现。物质固然是人才留驻的基础，但真正打动人心的是那份被理解与认同的情感。人才渴望在精神的沃土中扎根，追求自我价值的实现与自我成长的空间。唯有以诚挚的心灵去感应，以智慧的灯塔去引领，方能让人才安心驻足，共同书写辉煌的篇章。

情感关怀，增强归属

人才留驻的首要条件是情感的满足。管理者应通过关心员工的生活、工作和成长，营造家一般的温馨氛围，让员工感受到归属感和被重视，从而甘心情愿地为企业贡献自己的力量。

唐朝末年，吴元济的叛乱令朝廷头疼不已，大将李愬奉命平叛，他深知，要想真正降服吴元济的部将，单靠武力是不够的。

李愬以诚相待，成功招降了吴元济的两名部将，这两人向李愬透露了关键信息：吴元济军中最得力的干将是有勇有谋的李祐，只有把他争取过来才能真正平定淮西。之后李愬设计活捉了李祐，但他并未如众人所愿将其处决。相反，李愬对李祐施以情感关怀，亲自为他松绑，以礼相待，还屏退左右，与李祐深夜长谈，用真诚打动了这个曾经的敌人。尽管周围人纷纷质疑，说李祐是吴元济的内应，李愬却始终信任他，甚至有一次拉着李祐的手哭道："难道苍天不想扫平这些贼子吗？为什么你我如此深交，仍难敌众人之口呢？"

这份深厚的情感关怀让李祐深受感动，他决心为李愬效命。最终，在李愬的带领下，淮西之乱得以平定。李愬的情感关怀不仅赢得了李祐的忠诚，也为朝廷解决了心腹大患。

理解尊重，促进沟通

理解和尊重是留住人才的关键。管理者应站在员工的角度思考问题，尊重他们的意见和选择，通过有效沟通消除误解和隔阂，建立起良好的信任关系，使员工愿意跟随并共同面对挑战。

战国时期，韩国有一位名叫聂政的勇士，他因除害杀人而逃离家乡，与母亲和姐姐隐居在齐国，以屠宰为生。

韩国大臣严遂与韩国相国韩傀结仇，四处寻找能够助他报仇的勇士。他听闻聂政的英勇事迹后，决心亲自拜访这位隐藏在市井之中的豪杰。

尽管严遂带来丰厚的黄金作为见面礼，但对于严遂复仇的要求，聂政仍然以母亲要养、姐姐未嫁为由拒绝。严遂听后，表示理解并尊重聂政的孝心和坚守，于是仍以朋友的身份与聂政结交，而非单纯地利用他。

岁月流转，聂政的母亲去世，姐姐也已出嫁，聂政感到自己已然没有牵挂，他决定回报严遂的知遇之恩。于是聂政找到严遂，表示愿意为他效命，刺杀韩傀。严遂为其提供车马人手但聂政拒绝了他认为刺杀行动要隐秘而迅速，人多反而容易暴露。

聂政独自前往韩国，成功刺杀韩傀，但最终因伤势过重而死去。死时他为了不连累姐姐而自毁容貌，然而他姐姐为了替他扬名，不惜公开他的身份，也因此而死。

理解和尊重是留住人才的关键。严遂没有因为聂政的身份而轻视他，反而尊重他的选择、理解他的顾虑。正是这种理解和尊重，让聂政感受到了严遂的真诚和友谊，最终为他达成所愿。

公平公正，激发动力

在处理事务时，管理者应坚持公平公正的原则，对事不对人。通过客观的评估和公正的奖惩，激发员工的内在动力，让他们相信只要努力就能得到相应的回报，从而更加积极地投入工作。

魏晋时期，王猛的卓越才能得到了东海王苻坚的赏识和提拔。然而，随着王猛权力越来越大，一些嫉妒和反对的声音也随之而来。面对这些挑战，苻坚展现出了公平公正的态度，坚定地支持王猛，为他扫清障碍，确保他能够充分发挥自己的才华。

当氐族豪帅樊世公然侮辱王猛，质疑他的能力与地位时，苻坚果断地站在了王猛这边。苻坚不仅严肃处理了樊世的不当行为，而且借机整顿了朝纲，让其他大臣明白公然反对和攻击王猛是不被容忍的。

朝中有官员对王猛进行毁谤和谗害，苻坚更是毫不姑息，他严肃处理了那些利用职务之便诽谤王猛的人，对那些散布流言蜚语的大臣施以严厉的惩罚，这使得其他官员不敢再对王猛进行不公正的攻击和诋毁。

正是由于苻坚在处理王猛与勋臣矛盾时持心公平公正，深得王猛的衷心拥护，王猛也竭尽所能辅佐苻坚，将前秦治理得国富兵强。

提供机会，实现价值

留住人才需要为其提供成长的空间和机会，管理者应关注员工的职业发展，为他们提供学习和挑战的平台，让他们在不断提升中实现自我价值，从而更加坚定地留在企业。

哲别，出身于蒙古别速惕部，原是泰赤乌部首领秃答的部属，以箭术非凡而扬名于世。在铁木真与秃答的战斗中，哲别射伤了铁木真的爱马。

哲别等人战败被擒。在问射伤自己爱马的人是谁时，哲别勇敢地承认是自己，并表示："倘若饶我一命，赴汤蹈火，在所不辞。"铁木真欣赏他的坦诚与箭法，决定给他机会，并赐名"哲别"，意为"箭"。

对哲别而言，这不仅是获得生存的机会，更是实现自我价值的舞台，他深知这个机会来之不易，决心要竭尽全力，不辜负铁木真的期望。果然，他很快就展现出出色的战斗力和领导才能，屡次在关键时刻为铁木真化解危机，成为成吉思汗著名的"四獒"之一。

铁木真给了哲别机会，不仅让哲别实现了自我价值的提升，更让他对铁木真产生了深厚的感激和忠诚之情。这种互信和支持的关系，为蒙古帝国的扩张和发展奠定了坚实的基础。

留才之道，情感为基，理解为桥，公平为柱，机会为梯。管理者若能以心换心，以诚待人，则人才自会如磁石之吸铁，紧紧相随。让我们以诚心为本，共筑留才之港，让人才之舟在此靠泊，扬帆远航。

恩威并施，赏罚分明

“恩威并施，赏罚分明”不仅是一种管理策略，更是识才用才的智慧所在。恩以感召人心，威以规范行为；赏以激励卓越，罚以警醒过失。识才需兼观德才，用人则量才适用。恩威并施，旨在引导人才向善向上；赏罚分明，意在激励人才尽展所长。这样才能让人才的潜力得以充分释放，从而为事业的蓬勃发展注入不竭动力。

恩以感召人心

“恩”是温暖人心的阳光，能够消除隔阂、拉近距离。在人才管理中，施恩就是给予关心、支持和信任，让人才感受到组织的温暖和重视。这种正面的情感激励能够激发人才的归属感和使命感，促使其全心全意地投入工作，为组织的发展贡献智慧和力量。

东汉末年，天下大乱，英雄辈出，刘备虽怀复兴汉室之志，却在中原败北，身处困境。然而，他的雄心壮志并未因此而消磨，反而更加坚定了招揽人才的决心。

徐庶和司马徽看到刘备对人才的渴求，便向他推荐了“卧龙”诸葛亮，刘备听后不惜长途跋涉，三次亲自上门拜访。尽管前两次都未能与诸葛亮见面，但他并未放弃，第三次，他是在诸葛亮午休时静静等待，直到诸葛亮醒来。刘备的这份耐心和诚意，无疑是对诸葛亮才能的最大认可。

诸葛亮被刘备“三顾茅庐”所展现的诚意深深打动，他感受到了刘备的诚意，决定出山相助。从此，诸葛亮成为刘备的重要助手，为他出谋划策，共同打下了蜀汉的基业。

刘备以诚待人、以恩感人，最终赢得了诸葛亮的衷心辅佐。诸葛亮的加入，不仅为刘备提供了宝贵的智囊，更为蜀汉的建立和稳固立下了汗马功劳。这正体现了施恩的力量，以及正面情感激励在吸引和留住人才中的重要性。

威以规范行为

“威”是维护秩序的利剑，它能够明确界限、约束行为。在人才管理中，立威就是建立严明的纪律和规章制度，对违规行为进行惩戒和纠正。对负面行为进行约束，以维护组织的正常秩序和稳定发展，确保人才在规范的框架内发挥最大的作用。

春秋时期，晋、燕两国联手进攻齐国，齐军节节败退，此时田穰苴临危受命，齐景公将其提拔为将军，负责抵御外敌。然而，田穰苴深知自己出身卑微，难以服众，因此请求朝廷派一位重臣作为监军随行，于是齐景公派宠臣庄贾担此重任。

田穰苴与庄贾约定第二天中午在军营门口会合，然而庄贾却故意来迟，辩称亲友设酒给他饯行，耽搁了时间。

田穰苴严厉地说："将帅受命之日就应忘掉自己的家，到军中受军纪管束就应忘掉自己的亲友，擂鼓进军的危急关头就应忘掉自己的生命。你如今的行为，完全违背了军纪！"庄贾虽然口中道歉，心中却不以为意。

田穰苴召来军正，询问按照军法应如何处置。军正回答："应当斩首。"庄贾这才感到恐惧，急忙派人向齐景公求救，可还未等到救兵到来，田穰苴就已经斩杀了庄贾，并在三军面前示众。

这一举动震惊了全军，三军将士都战栗畏服。田穰苴通过这一严厉的惩罚，成功地树立了自己的威信，他知道，只有严明纪律，才能约束行为，维护组织的正常秩序和稳定发展。

赏以激励卓越

"赏"是肯定成就的勋章，能够激发动力、提升士气。在人才管理中，行赏就是对人才的优异表现给予及时的奖励和表彰，让其感受到付出的价值和取得成就的喜悦。这种正面的成果反馈能够激励人才不断追求卓越、挑战自我，为组织创造更多的价值。

比如，商鞅变法中的军功爵制就深刻体现了"赏以激励卓越”的管理理念。商鞅推行的军功爵制，本质上是一种绩效考核与激励机制，根据军人在战场上的实际表现，尤其是斩首数量，来决定其爵位晋升和物质奖励。这一制度变革打破了原有的世袭制度，为秦国的士兵和将领提供了一个公平竞争的舞台。

在这一制度下，士兵们知道，无论出身如何，只要他们在战场上英勇杀敌，就能获得相应的回报。这种及时的、与军功直接挂钩的奖励机制，极大地提高了士兵们的积极性和战斗力。他们更加努力地战斗，以期获得更多的军功和奖励。

军功爵制的成功实践，不仅使秦国的军队变得更加强大，而且对整个国家的政治、经济和社会结构都产生了深远的影响。它打破了旧有的等级制度，促进了社会的流动和活力。更重要的是，这一制度树立了一个明确的导向：卓越的表现会得到应有的认可和奖励。

军功爵制充分证明了“赏以激励卓越”的重要性。通过给予及时的奖励和表彰，能够激发人才的积极性和创造力，使其不断追求卓越、挑战自我。在商鞅变法的推动下，秦国军队战斗力大增，最终实现了统一六国的伟业。这一历史典故，为我们今天的人才管理提供了宝贵的启示。

罚以警醒过失

“罚”是惩戒错误的警钟，能够警醒人心、减少失误。在人才管理中，施罚指的是对人才的失误和违规行为进行适当的惩戒和纠正，让其认识到错误的严重性和不良后果。这种负面的行为反馈能够警示人才时刻保持清醒和谨慎，避免重蹈覆辙，确保组织的稳健发展。

建兴六年（公元228年），诸葛亮挥师北伐，意图一统中原。街亭，这片位于蜀汉与曹魏交界处的战略要地，成为双方争夺的焦点。

诸葛亮派自己十分器重的马谡前往镇守。临行前，他嘱咐马谡："街亭虽小，却关乎我军的生死存亡。你务必靠山近水安营扎寨，谨慎小心，不得有误。"

然而马谡到达街亭后却自作主张，将军队驻扎在远离水源的街亭山上。裨将王平见状进行劝阻，马谡振振有词："我通晓兵法，世人皆知。居高临下，势如破竹，置之死地而后生，这是兵家常识。我将大军布于山上，正是为了制胜。"

不久，曹魏名将张郃领兵前来攻打街亭。他侦察到马谡的军队驻扎在山上，心中大喜过望，立即挥兵切断蜀军的水源和粮道，将马谡的军队围困在山上。蜀军饥渴难忍，军心涣散，最终张郃乘势进攻，蜀军大败。

马谡失守街亭的消息传回蜀汉大营，诸葛亮痛心疾首，只得撤军回朝。为了整肃军纪，他不得不挥泪下令将马谡斩首示众。

诸葛亮斩马谡的故事成为"罚以警醒过失"的典范。它告诉世人：在人才管理中，适当的惩罚是必要的。它不仅能够纠正错误行为、防止类似问题再次发生，还能提高整个组织的纪律性和战斗力。

恩威并施，赏罚有道，这才是真正用好人才的智慧。施恩让人心生暖意，立威让人行有规范；用赏来激励出色表现，用罚来警醒错误行为。这样一来，每个人都能在自己的位置上发光发热，整个团队也能更加稳健地前行，共同创造美好的未来。

抓大放小，学会放权

“抓大放小，学会放权”是管理人才智慧的体现。大事把握方向，小事赋予自由，既体现了领导者的战略眼光，也彰显了对人才的充分信任。放权不是放任，而是在信任的基础上，让人才在广阔的天地中自由翱翔，创造更大的价值。

定向与变通

在“抓大放小”的管理哲学中，需要定向与变通。领导者如同航海家，必须为团队设定清晰的目标，并时刻校准航线。在大方向上坚定不移，在细节和小事上则灵活变通，赋予团队成员自主决策权。这样，既能保证团队不迷失方向，又能激发成员的积极性和创造力。

东汉时，班超在西域待了30年左右，为汉朝在西域的统治奠定了坚实的基础。然而岁月不饶人，年近七旬的班超深感思乡之情，于是向汉和帝请辞归乡，在离任之际，他与接任者任尚进行了一次重要的交接。

班超深知任尚个性急躁，于是特别提醒他：“在西域，我们的目标是维护汉朝的统治，促进与各国的友好关系。在这个大方向上，我们必须坚定不移，但细节和小事上，则应灵活变通，不必过分苛求。”

他进一步解释说：“西域的官吏将士多有流放之人，他们背景复杂，难以教化，因此我们在管理上待人要宽松一些，推行政令尽可能简单易行，要容忍小过失，只需把握住一些大原则就可以了。”

班超的话，全是经验之谈、肺腑之言，却未能打动任尚。任尚私下里对亲信轻蔑地表示，班超的建议似乎过于平常无奇。然而，很快任尚就尝到了苦果。

由于任尚过于严厉急躁，对西域各国的事务干预过多，各国纷纷反叛，而他无法应对这种局面，最终导致西域都护府的陷落。朝廷得知消息后迅速派兵解围，同时罢免了任尚的职务。

班超能够在西域取得成功，是因为他始终坚持维护汉朝统治的大方向，同时在小事上灵活处理；而任尚的失败，则是因为他忽视了这一点，过于注重细节而忽视了整体的目标和方向。因此，作为管理者，我们必须时刻牢记“抓大放小”的原则，唯有能定向又会变通，才能带领团队走向成功。

信任与赋能

“学会放权”的核心在于信任与赋能。领导者应深信团队成员的潜力和能力，给他们足够的权力和资源去完成任务。这种信任如同催化剂，能激发人才的内在动力，让他们感受到被重视和尊重。同时，通过赋能，领导者可以将自身的能力和智慧传递给团队，从而提升整个团队的战斗力和执行力。

乐毅是战国时期的杰出军事家，他的才华和智谋深受燕昭王的赏识。燕昭王深知，要使燕国强大，报齐国当年欺凌燕国的大仇，必须信任并赋能给乐毅这样的杰出人才，因此，他毫不犹豫地任命乐毅为亚卿，并将军事指挥权交给他。

乐毅没有辜负燕昭王的信任，公元前 284 年，他凭借出色的军事才能，成功联合赵、秦、韩、魏四国共同攻打齐国，初战告捷后，他独自率领燕军横扫齐国，夺取 70 多座城，使齐国几乎亡国。这场以少胜多的战争，不仅彰显了乐毅的军事才能，也证明了燕昭王信任与赋能策略的正确性。

燕昭王对乐毅的信任和赋能不仅体现在军事上，还体现在政治上。他充分尊重乐毅的意见，让他参与国家大事的决策，使他能够充分发挥自己的政治智慧，为燕国的繁荣稳定做出了重要贡献。

然而，燕惠王即位后对乐毅产生了猜疑，最终导致乐毅的离去和燕军的惨败。这充分说明了信任与赋能的重要性，如果燕惠王能够像燕昭王一样信任并赋能给乐毅，那么燕国的历史或许会是另一番景象。

信任与赋能是领导者成功的关键。只有充分信任并赋能给手下的人才，才能激发他们的内在动力，让他们充分发挥自己的才能，为团队的成功做出更大的贡献。

监督与指导

放权并不意味着放任不管，监督与指导同样重要。领导者应定期对团队的工作进行检查和评估，确保大方向不偏离预定轨道，同时在团队成员遇到困难和挑战时给予及时的指导和帮助。这种监督与指导应是一种建设性的参与，旨在提升团队的工作效率和成果质量。

西汉时期的汉宣帝刘询以其明智的治国之道著称。他深知一个国家的繁荣稳定不仅依赖于中央政府的决策，更在于地方官员的忠诚与勤政，因此，他在放权的同时，始终注重监督与指导，确保国家机器正常运转。

元康四年（公元前 62 年）正月，汉宣帝派出太中大夫强等 12 人巡视天下，这些官员被赋予对地方官员进行政绩考核和廉洁监督的权力。他们定期巡察各地，听取民意，查看政绩，将发现的问题及时上报中央，对表现优秀的官员予以表彰和提拔。这一制度的确立，使得地方官员不敢有丝毫懈怠，纷纷致力于改善民生，发展经济，维护社会稳定。

然而，汉宣帝的监督制度并非简单的指责与惩罚，他认为优秀的领导者不仅要有严厉的一面，更要有宽容的一面。因此，他发现地方官员存在问题时，往往能凭借自身曾在民间待过十多年的经验，下诏进行具体指导，以提升其工作能力。

在汉宣帝的监督与指导下，西汉的吏治得到了极大的改善。地方官员们不再只关注自身的利益，而是将更多的精力投入为民服务中。他们积极兴修水利，发展农业，提高百姓的生活水平。同时，他们还加强了对社会治安的维护，使得西汉的社会秩序井然，开创了“孝宣中兴”的局面。

汉宣帝刘询的治国智慧，彰显了监督与指导在放权过程中的重要性。他通过有力的监督确保官员忠诚勤政，同时以具体的指导提升政务水平，这种双管齐下的策略，不仅优化了西汉的吏治，更为后世提供了宝贵的治国经验。

“抓大放小，学会放权”不仅是一种管理策略，更是领导者智慧与胸怀的体现。通过定向与变通，我们为团队点亮前行的灯塔；通过信任与赋能，我们激发人才的无限潜能；通过监督与指导，我们确保团队在正确的轨道上稳健前行。

柒

步步为营·成事之道篇

成事之道在于步步为营、稳扎稳打。无论目标多么远大、计划多么周密，如果不脚踏实地地执行，一切都将是空中楼阁。因此，在追求成功的过程中，我们要时刻保持头脑清醒和意志坚定，将每个步骤都落到实处。通过制定明确的目标和详细的计划并坚持不懈地努力执行，我们必然能够在复杂多变的环境中稳步前行，最终实现自己的梦想。

能够适时示弱才是真的强

真正的强者并非一味逞强，而是懂得适时示弱。示弱不等同于软弱，它是一种智慧与勇气，是内心深处的自信与坚韧，如流水绕过山石却不失前行之力。能够适时示弱，方能领悟生活之道，成为人生的强者。

消除对方的防备心理

真正的强者深知，适时的示弱可以消除对方的防备心理。这不是软弱退让，而是智慧的体现，它如同剑法中的以柔克刚，是用平和的姿态去接近他人，让人轻视或忽视你，使你的发展不受掣肘。强者示弱，不是屈服，而是以退为进，为强有力的进攻积蓄力量。

公元前 270 年，秦军大举进攻赵国封地阏与（今山西省和顺县西北），赵国派赵奢为将，率兵救援。大军离开邯郸三十里时，赵奢命令停军扎营，加强防御工事，并斩杀了建议进攻的军官，使秦军误判赵军不敢前去救援。

秦国主将听说后决定试探，于是派了亲信直入赵营面见赵奢，说："秦军攻阏与，很快就会破城，赵将军若敢与秦军交锋，请速来一战。"赵奢说："赵王以邻邦告急，派遣我加强边防，我怎么敢与秦军交战呢？"他还用酒食款待了秦使。秦使如实回报，秦将大喜，专心攻打阏与。

而赵奢则趁机挑选精锐骑兵，秘密急行军两天一夜，突然来到阏与附近，在秦军毫无防备之际迅速占领北山的有利地形，对秦军形成夹击之势。两军交战，赵军前后夹攻，大败秦军，成功解围阏与。

此战中，赵奢通过适时的示弱，成功消除了秦军的防备心理，麻痹了敌人，为后续的进攻创造了有利条件。他的示弱并非软弱，而是一种高明的战术选择，体现了真正的强者智慧。

减少风险

在人生的旅途上，真正的强者懂得通过示弱来减少不必要的风险，他们明白，示弱并非软弱可欺，而是一种策略性的自我保护，正如草木在风雨中低头，不是因为惧怕，而是为了更好地生存。强者示弱，是为了在复杂的环境中保持清醒和理智，避免无谓的损失或牺牲。

赵国北疆的雁门关外，匈奴骑兵在单于的率领下对赵国发起了猛烈的进攻。他们嘲笑赵国将领李牧是个懦夫，因为李牧在雁门关扎寨多年却从不主动出战，单于误以为李牧胆小如鼠，他的大军也无须在意，于是率领精骑大举进攻赵军。

然而匈奴前锋部队攻入李牧大本营时，却发现营中空无一人，单于得意地以为李牧已经逃跑，命令部队全速前进。就在匈奴主力全部进入赵军阵地之时，四周突然号角齐鸣，喊杀声四起，无数的赵军步骑兵从四面八方涌来，将匈奴兵团团围住。

单于惊慌失措，急忙下令撤军，但为时已晚，赵军士兵个个奋勇杀敌，如潮水般向匈奴兵冲杀过去。经过一场激烈的战斗，十余万匈奴兵失去性命，单于带着残兵败将狼狈逃窜。从此，匈奴兵十多年不敢进犯赵国边境。

李牧的示弱，如同智者的隐身术，使赵军在风险四伏的战场上化险为夷。他深知，暂时退让并非怯懦，而是为了规避不必要的风险，积蓄力量，以待时机。这种示弱不是软弱的投降，而是强者的智慧，它告诉我们，在人生的旅途中，减少风险，才能更好地迈向成功。

避免不必要的冲突

示弱是一种智慧的选择，能够避免不必要的冲突和摩擦，节省宝贵的时间和精力。在复杂的人际关系和激烈竞争的环境中，懂得示弱的人更容易成事，因为他们能够审时度势，用最小的代价换取最大的成功。

公元 589 年正月，隋军准备渡江攻打陈军，由吴州总管贺若弼率领先锋部队。隋文帝杨坚指示贺若弼要巧妙渡过长江，避免强攻。贺若弼接受任务后，采取了示弱的策略，隐藏真实意图，以迷惑陈军。

贺若弼先购买大量大船并将其隐藏，同时故意在江边放置破船作为诱饵。陈军的侦察人员看到这些破船后，认为隋军无法渡江，于是放松了警惕。接着，贺若弼频繁进行换防，造成大军压境的假象，陈军因此紧急调集精锐部队准备决战。然而陈军很快发现这只是隋军的换防行动，便放松警惕，不再部署防御。

在此期间，贺若弼秘密完成了渡江大军的调集和部署，他还命令士兵沿江打猎，实际上是进行渡江演习。而陈军对此熟视无睹，贺若弼见时机成熟，便下令渡江。隋军万舟齐发，迅速冲过长江，陈军却毫无察觉，仍在酣睡之中。

贺若弼趁机发动猛攻，很快攻克南徐州，并生擒徐州刺史黄恪。他与韩擒虎将军南北夹击，陈朝守军纷纷溃逃，贺若弼乘胜追击，一直打到陈朝都城建康。

通过示弱的策略，贺若弼成功避免了不必要的冲突和摩擦，从而以最小的代价赢得了战争，这样做不仅节省了时间和精力，更减少了无谓的牺牲。这次战役展示了示弱的威力，成为历史上以智取胜的典范。

获取同情与支持

真正的强者懂得，适时的示弱可以获取他人的同情与支持。强者的示弱，是他们内心深处坚韧与自信的体现，他们不怕展示自己的脆弱，因为他们知道这样才能更好地凝聚力量，走得更远。

王莽篡汉的新朝时期，刘秀与哥哥刘縯在南阳起兵，成为绿林赤眉起义的一部分，随着义军的发展，刘秀兄弟因其才智和胆识逐渐崭露头角。公元 23 年的昆阳一战，刘秀以少胜多，大显身手，但也因此招致更始帝刘玄的猜忌，更始帝以“犯上”之罪杀害刘縯，刘秀也陷入生死存亡的危机。

刘秀深知自己势力尚弱，不能贸然反抗，否则将自取灭亡，于是他决定采取示弱的策略。他急速收兵回宛城，向刘玄请罪，“痛斥”刘縯犯上之罪。

为了进一步消除更始帝的疑虑，刘秀在哥哥的丧礼上未露一丝悲痛之情，反而每日饮酒作乐，谈笑风生。他绝口不提自己的战功，并表现出对更始帝的无比忠诚。这些消息传到更始帝耳中，使他的警惕之心逐渐松懈，他开始后悔自己听信谗言杀害了功臣。

刘秀的示弱策略成功了，他不仅躲过了劫难，还被加封为破虏大将军，此后，他看准时机离开更始帝，在河北建立了自己的队伍。经过一系列的征战和不懈的努力，他最终统一天下，建立了东汉王朝。

刘秀的成功充分体现了示弱的智慧。他通过展示自己的脆弱和忠诚，消除了刘玄的疑虑和敌意，为自己赢得了生存和发展的机会。这种策略不仅体现了他的坚韧和自信，也展现了他作为一个真正强者的风范。

真正的强者，懂得流水绕石、以柔克刚，深谙示弱之道。他们知进知退，能屈能伸，于示弱中显智慧，于退让中见勇气。示弱非弱，乃强者之智；退让非懦，乃勇者之谋。赵奢、李牧、贺若弼以及刘秀的示弱之道，无不诠释了这一真理。领悟示弱之道，方能成为生活中的强者，才能驾驭人生的风帆。

抓住弱点，一招制敌

“抓住弱点，一招制敌”不仅是克敌制胜的法宝，更是深谙事物规律、洞悉人心向背的智慧体现。在风云变幻的较量场上，敏锐地捕捉对手的软肋，以四两拨千斤的巧妙一击定乾坤，方显英雄本色。这既是实力的较量，也是智慧的角逐，更是对事物本质的深刻洞察和精准把握。

战略定位优势

在竞争中，了解并抓住对手的弱点意味着能够精准地制定战略。此优势如明灯指引，使力量汇聚于一点，穿透重重迷雾，直达敌人心脏，不但能避免无谓消耗，而且能以最小代价换取最大战果。

公元29年，东汉将领马武被苏茂、周建的叛军击败，向附近的王霸军营求援。然而王霸却选择坚守不战，他深知苏茂军队士气正盛，硬拼只会造成无谓消耗，甚至可能导致更大的失败。他向军官们解释：“此时出战，不但无法救援马武，反而可能使我们也陷入危险。”

苏茂、周建果然全军出击，围攻马武，王霸军营中的壮士见状纷纷请求出战。但王霸仍然耐心等待，直到苏茂军队疲惫不堪时才派出精锐骑兵从后方突袭，与马武前后夹击，大败苏茂、周建。

之后苏茂、周建重整旗鼓，再次挑战。但王霸仍然坚守不战，他深知苏茂军队远道而来，此时粮食不足，希望速战速决，因此，他决定以逸待劳，消磨对方的士气。苏茂无法攻破王霸的防线，又得知后方供给不足，士气低落，只好率军撤退。

王霸的胜利充分展现了战略定位优势的力量，他通过深入了解对手，精准抓住其弱点，制定出克敌制胜的战术。这种优势使他能够在复杂的战局中保持清醒，以最小的代价取得最大的胜利。

优化利用资源

针对对手的弱点采取行动，可以使己方资源得到更有效的利用。针对敌人薄弱环节，集中优势兵力，实现重点突破，既避免了资源的浪费，又提高了攻击的效率。优化利用资源，方能以小博大，以弱胜强。

唐高宗时期，西突厥可汗阿史那都支与吐蕃结盟侵扰安西。高宗欲发兵征讨，吏部侍郎裴行俭提议借护送波斯王子之机，捉拿阿史那都支，高宗采纳建议并任命裴行俭为安抚大食使。

到西州时，天气炎热，裴行俭以此为由命令使团停下来休整。裴行俭曾任职西州，与当地官民关系良好，于是他召集豪杰子弟及安西四镇少数民族酋长，借打猎之名进行军事训练，暗中准备进攻阿史那都支。临近西州的阿史那都支以为裴行俭到秋凉之时才会离开，便掉以轻心，和另一个西突厥首领李遮匐相约，等秋天再率兵阻击裴行俭，不料裴行俭迅速出击，在他应约时将他擒拿。

裴行俭利用阿史那都支的"契箭"召集其他酋长，将他们一网打尽，随后，他挑选精兵，轻装疾行，攻击李遮匐。在半路上，他捕获李遮匐的使者后又释放了他，让他传递阿史那都支被擒的消息。李遮匐得知败局已定，心生畏惧，遂选择投降。

裴行俭的智慧和果断使他成功利用资源，以小博大，以弱胜强。他通过巧妙的策略和迅速的行动，不仅捉拿了突厥可汗，还迫使李遮匐投降，为唐朝稳定了西域的局势。他的成功充分展示了针对敌人弱点采取行动、优化利用资源的重要性。

快速决策行动

明确对手的弱点简化了决策过程，我们能更快地做出反应。战机往往稍纵即逝，唯有迅速识别敌人的弱点，果断采取行动，方能抢占先机，克敌制胜。快速决策行动如疾风骤雨，令敌人措手不及，实乃制胜之关键。

战国时期，魏国攻打韩国，韩国向齐国求援，齐国派遣田忌和孙膑率军解救韩国。孙膑利用魏军轻视齐军的弱点，迅速采取“减灶”之计，以制造齐军溃退的假象。

齐军西进时，士兵们埋锅造灶，显示出庞大的军队规模。魏国庞涓追赶至此，见到遍地的土灶推知齐军有十万之众，因此不敢轻举妄动。而后孙膑下令逐渐减少灶的数量，以迷惑庞涓。庞涓接连追赶，发现齐军的灶日益减少，误以为齐军士兵因恐惧而逃亡，于是决定亲率精锐骑兵追击。

马陵地势险要，道路狭窄，是伏击的绝佳地点。而孙膑预料到庞涓会在傍晚时分赶到马陵，便在此地设下埋伏。庞涓果然如期而至，但迎接他的却是齐军万箭齐发的攻击。魏军在此突如其来的打击下大乱，溃不成军，庞涓自知败局已定，无奈拔剑自刎。

孙膑的减灶之计成功地迷惑了庞涓，使他误判了齐军的实力和意图，而庞涓的轻敌和冒进则为他的失败埋下了伏笔。这个历史故事充分展示了快速决策行动的重要性，以及利用敌人弱点制胜的智慧。

降低不确定性

“抓住弱点”可大幅降低不确定性，提高确定性，增强预测对手行为和反应的能力，从而更好地规划自己的行动。在复杂多变的战局中，明确攻击目标，直击敌人要害，可避免盲目行动带来的风险，提高胜利的可能性。

明朝时，各州县需定期供奉马匹充军，马贩子借机哄抬马价。开州知州陈霁岩为减轻百姓负担，决定亲自挑马并巧施计策降低马价。

供奉马匹上缴期限临近，马贩子们期待像往年一样获利，陈霁岩却故意拖延购马，让马贩子们心生恐慌。直到缴马期限前一天，陈霁岩才带属吏前往马市，他故意高声透露已请求延期购马并考虑去临濮马市购买的消息，让马贩子们担心错过卖马时机。

马贩子们原本期待陈霁岩会像往年一样挑选高头大马，便以此哄抬价格。然而，陈霁岩却表示已上奏称开州马较矮小，高大的马若价格太高就不买，这让马贩子们陷入困境，不得不降价出售好马。

陈霁岩看准时机，以合理价格收齐马匹，既没耽误缴马期限，又成功降低了马价。他的智谋和果断行动为开州百姓减轻了负担，也给了马贩子们一个深刻的教训。陈霁岩正是抓住马贩子怕错过卖马时机的心理弱点，从而确定自己的策略能够成功。

高手过招，一剑封喉，关键在于找准对手的破绽，以最小的代价赢取最大的胜利，这不仅是对战略和资源的优化运用，更是对快速决策和降低不确定性的深刻理解。真正的智者，总是能够在关键时刻洞察秋毫，一击即中，从而掌握主动，赢得先机。

虚实相生，出其不意

虚实相生，出其不意，是智者的策略，勇者的利剑。在虚与实的交错中隐藏着无限的可能与机遇，只有洞察先机，打破常规，才能在风云变幻的舞台上挥洒自如，赢得最终的胜利。此法之妙，非深思熟虑者不能为，非果敢行动者不能行。

战略布局上的虚实结合

在整体战略上，我们应该注重虚实结合，既要有实质性的行动，也要有迷惑对手的虚假动作。通过巧妙地布置假象来迷惑对手，我们可以隐藏自己的真实意图和实力，从而达成战略谋划。

公元 884 年，唐末战乱频繁，叛将陈儒率领大军攻打舒州城。守城将领见势不妙，急忙向庐州刺史杨行密求援，然而杨行密手中兵力有限，无法直接救援。在此危急时刻，他的部将李神福提出了一个虚实结合的战略。

李神福带领少数精兵，悄悄潜入舒州城，并命令城内士兵打出庐州旗帜，伪装成大批援军已到的假象。同时，他亲自带领这支“援军”在陈儒大军附近布阵，还故意暴露给敌人观察。

陈儒看到庐州旗帜遍布，心中生疑，便亲自上前观察，只见李神福在地上比画，似乎在部署大军。陈儒被这一战术迷惑，误以为庐州大军真的已经赶到，担心腹背受敌，于是下令全军撤退。

这一战充分展示了战略布局中虚实结合的重要性，通过巧妙布置假象和迷惑对手，可以在关键时刻取得令人惊喜的胜利。

心理战术的深度运用

心理战术是实现虚实相生、出奇制胜的重要手段。通过深入了解对手的性格特点和思维模式，我们可以有针对性地设计策略，使其在心理上产生错觉和误判；同时，在关键时刻展现出坚定的决心和强大的意志力，也可以给对手造成一定心理压力，打乱其原有的计划和部署。

东晋时期，祖逖与后赵明帝石勒堂侄石虎交战，本已胜利在望，然而石虎败退后留下的战将桃豹却坚守孤城，与祖逖的先锋韩潜形成僵持之势。双方粮食匮乏，战局一度陷入胶着状态。

祖逖深知心理战术的重要性，他决定运用虚实相生的策略，从心理上击败对手。他命令士兵将黄土灌入空米袋，伪装成大批粮食，然后组织运输队运送，还故意派出几名士兵挑着真正的粮食，装作疲劳不堪的样子掉队休息。桃豹见状，果然中计，派兵劫走了“掉队”的粮食。

与此同时，祖逖故意放出消息，称己方军队已经获得大批粮食接济。这个消息传到桃豹的耳中，使他更加焦虑不安，担心士兵会因为饥饿丧失战斗力，甚至倒戈相向，于是桃豹紧急求援。

然而，祖逖早料到对方的举动，他命令韩潜在敌人必经的汴水一带设伏，拦截了刘夜堂的运粮队伍。桃豹等待多日却不见粮食运到，士气更加低落，最终无奈逃走，而韩潜顺利占领了全城。

祖逖通过虚实相生的策略，制造假象迷惑对手，使其在心理上产生错觉和误判，同时利用士兵的饥饿和求援心理，加剧对方的恐慌和不安。最终，桃豹在心理战术的打击下败退，祖逖赢得了这场战争的胜利。

信息传递上的真假难辨

在信息传递方面，我们应该善于运用真假难辨的信息来迷惑和干扰对手。通过传递虚假信息，我们可以制造混乱来误导对手，使其无法掌握我们的真实意图。倘若同时泄露一些真实信息，还可以引导对手做出错误的决策或行动。

公元 532 年，北魏大将高欢与北魏叛臣尔朱兆两军对峙。

尔朱兆虽败退秀容，但仍密切关注高欢动向。高欢深知信息传递的重要性，决定运用真假难辨的信息来迷惑尔朱兆。

高欢先是故意放出消息，称大军即将进攻秀容，尔朱兆信以为真，慌忙加强城防。然而高欢只是率军进行军事演习，尔朱兆空等一场。此后，高欢又连续几次故技重施，每次都让尔朱兆白忙一场。尔朱兆被高欢搞得疲惫不堪，对他的消息渐渐不再重视。

高欢见时机成熟，再次放出消息，声称要让部下过年休息，年后决战。尔朱兆闻讯后也松了一口气，认为高欢不会在此期间发动攻击。然而，高欢却在除夕夜悄悄集结精锐骑兵，连夜奔袭秀容。

当高欢的大军突然在秀容城下出现时，尔朱兆的守军还在忙着过年，毫无防备。高欢趁机发动猛攻，城中的军队被打得溃不成军，尔朱兆也在逃亡中绝望自杀。

这场战斗充分展示了信息传递的重要作用。高欢通过传递真假难辨的信息，成功迷惑了尔朱兆，使其在关键时刻放松警惕，最终利用这一战术取得了决定性的胜利。这也告诉我们，在斗争中要善于运用信息传递来干扰和误导对手，以达到克敌制胜的目的。

行动时机出其不意

在行动时机上，我们应该注重出其不意，选择在对手防备松懈的时候发动攻击。通过密切观察对手的动态和习惯，发现其薄弱环节和疏忽之处，从而在关键时刻发出致命一击，这种出其不意的行动往往能够打破对手的节奏和计划，从而取得事半功倍的效果。

公元 817 年，蔡州风雪狂吼，气温骤降。在这样恶劣的天气中，唐、随、邓三州的节度使李愬却看到了胜利的契机，他决定在风雪的掩护下突袭叛将吴元济盘踞的蔡州城。

李愬带领精兵来到蔡州城郊，可准备向蔡州城发起进攻时却忧心忡忡，因为大军行进的声音在寂静的雪夜中格外明显，而一旦暴露就会损失惨重。正当他焦虑之际，一个士兵不经意的话点醒了他："前方有个大池塘，里面满是鹅鸭。"李愬眼中灵光一闪，当即命令士兵们搅动池塘，使鹅鸭的叫声掩盖住大军的行进声。

于是，李愬的大军如同鬼魅般悄然接近蔡州城。风雪更猛，夜色更深，而蔡州的守军却毫无察觉，当李愬的军队已经兵临城下时，他们还在睡梦之中。

李愬抓住这个绝佳的时机，命令敢死队率先攀上城墙，杀死防守的卫兵，打开城门。整个过程迅速而有序，叛军根本来不及反应，等到天亮雪停，蔡州的百姓们打开门看到满街的官兵时，才知道昨夜城已失守。

吴元济在震惊中得知消息，他从未料到李愬能在如此恶劣的天气中发动攻击，只得在绝望中投降，蔡州之乱得以平定。

李愬在风雪之夜以鹅鸭之声掩盖行军，出其不意地攻克蔡州城，此战成为历史上以“奇”取胜的典范。他的成功证也明了行动时机出其不意的惊人效果。

虚实相济，乃智者之道；出其不意，乃勇者之略。在历史长河中，李神福之巧计、祖逖之心理战、高欢之信息迷阵、李愬之雪夜奇袭，皆为布设虚实棋局的典范。当今时代，我们应汲取古人智慧，以虚实相生之策应对万千变化，以出其不意之举摘取胜利之果。

声东击西，制造假象

声东击西，即表面上声称攻打东面，其实是攻打西面，在军事上是使敌人产生错觉的一种战术。此计的奥妙在于制造假象，隐藏真实意图，使对手在迷雾中迷失方向，而我们则借此机会实现目标。在纷繁复杂的社会中，不要局限于直线思维，而应拥有如水般流转的灵活性，不时变换角度，用策略与智慧寻找出路。

虚张声势

虚张声势，如同舞台上的烟雾，用来掩盖真实行动，它不仅是军事上的计谋，也是生活中的智慧。我们可以通过夸大其词、故意显露等方式使对手误判形势，从而为自己争取主动。在这迷雾之中，真相与假象交织，而智者则能洞察其中，把握时机，一举成功。

公元前 205 年的一天，汉王刘邦在荥阳宫中焦急地踱步，因为魏王豹叛变了。魏王豹率大军把守平阳关，截断河口，抗拒汉军，企图与楚、汉三分天下。

刘邦的谋士郦食其自告奋勇前往游说，却遭到了魏王豹的坚决拒绝。刘邦愤怒无比，派韩信统帅大军渡河击魏，然而魏王豹早有准备，在临晋关重兵布防，封锁了黄河渡口。

面对这一局势，韩信决定采用声东击西的计策。他命令灌婴带领一万兵马和一百多只船，在临晋关对岸摆开阵势，做出一副要强行渡河的架势。同时，他秘密地将木罂（一种将几十只口小肚大的瓶子封住口，排成长方形，口朝下，底朝上，用绳子绑在一起，再用木头夹住做成的木筏）运到夏阳，准备从这里偷渡。

魏王豹被韩信的假象所迷惑，以为汉军会从临晋关渡河，于是将重兵调集到这里，但他万万没有想到的是，韩信趁机从夏阳偷渡成功，并且攻下了安邑。

当魏王豹得知安邑失守的消息时大惊失色，忙率领军队前往阻击，但已经来不及了。韩信的军队势如破竹，一路向平阳推进，与此同时，灌婴也趁机渡过临晋关，占领了关口。两路汉军夹击之下，魏军大败亏输，魏王豹只得下马投降。于是，韩信占领了魏地。

虚张声势，就像给对手演了一出大戏，当他们信以为真之时，我们再偷偷调换舞台。韩信就是利用这招，让魏王豹上了当，最后赢得了胜利。生活里也一样，有时候得学会“演戏”，让对手摸不着头脑，我们才能占得先机。

分散注意力

分散注意力是一种巧妙的策略，我们可以在对手眼前展示出多个目标，使其难以捉摸真正的意图。在人生的棋盘上，每个人都是棋手，而注意力则是最宝贵的资源。通过分散对手的注意力，我们可以悄然布局，最终实现自己的目标。

东汉时期，班超作为使者深入西域，意图联合各国共同抵抗匈奴，然而，位于大漠边缘的莎车国却与匈奴勾结，想要阻挠班超的计划。为了打破这一僵局，班超决定以智取胜。

得知龟兹国将派出五万大军支援莎车国后，班超意识到硬拼并非上策，于是精心策划了一场声东击西的计谋。他故意在军中散播撤退的信息来分散敌人注意力，并使莎车国的俘虏听到这些消息。在某日的黄昏时分，班超命令于阗的军队向东撤退，而自己则率领少量人马向西行动，制造混乱和溃败的假象。

莎车国的俘虏趁机逃脱，将汉军撤退的消息带回了莎车阵营。龟兹国国王听闻后大喜过望，认为班超已经胆怯逃跑，于是决定亲自率领一万精锐部队追击。他不知道的是，这正是班超所期望的结果。

龟兹国国王的追兵急匆匆地从班超藏身之处经过，却没有发现任何踪迹，而此时班超已经与预先约定的东路于阗军队会合，他们迅速回师突袭莎车国内的军队。莎车国毫无防备，很快就被班超的联军击败，莎车国国王惊慌失措，无处可逃，只能投降，而龟兹国国王得知莎车国已经失陷，只得悻悻返回龟兹国。

分散注意力就是给对手展示多个目标，让他们眼花缭乱，把假的当成真的。班超就是用这招，让敌人追错了方向，最后趁机反击，打了个大胜仗。人生也是一样，有时候得学会让别人看花眼，我们悄悄地把事儿办了。

明暗结合

明暗结合是一种高深的谋略。在明处，我们展示给对手的是一幅清晰的画卷，吸引其目光；而在暗处，我们则悄然布局，策划真正的行动。在这明暗交织的世界中，智者能洞察一切，把握时机。

顺治二年（公元 1645 年），清军与明军在京口（今江苏镇江）两岸隔江对峙，清军将领们决定采用一种巧妙的策略来打破僵局——明暗结合，声东击西。

一天夜里，清军将领们在大将军府内秘密商议，他们决定制造假象，用竹木编制大批渡水木筏，并在其上放置灯火，使木筏在江中漂流，吸引明军的注意。而真正的攻击部队则会在浓雾的掩护下悄悄渡江。

明军守将杨文骢对此一无所知，他加强了对江北的观察，但注意力完全集中在那些移动的灯火上，当他看到江中大片移动的灯火时立即命令用炮火射击。明军的炮火猛烈地轰击着那些灯火，没想到这只是清军的迷惑之计。

明军欢庆胜利之际，清军却已悄然接近。浓雾弥漫，明军的巡逻兵依稀听到江中有船桨声，但为时已晚，清军战船已经离岸不远，之后明军被清军的猛烈攻击所打败。杨文骢如梦初醒，但已无法挽回败局。此战过后，清军顺利渡江，明军则败退而去。

明暗结合，就是明里一套，暗里一套，让对手猜不透我们的真实意图。清军就是用这招，用灯火吸引明军，暗地里悄悄渡江，最后打了明军一个措手不及。生活里也一样，有时候得学会运用心理战，让别人摸不清我们的底细，我们才能出奇制胜。

在千变万化的世界中，声东击西不仅是一种战术，更是一种智慧。启示我们在迷雾中巧妙布局，让对手陷入错觉，借机掌握主动，实现自己的目标。因此，在人生的征途上，我们要学会运用这一智慧，以策略与勇气书写属于自己的辉煌篇章。

引蛇出洞，争取主动

引蛇出洞不仅仅是一种策略，更是一种智慧。在复杂的情况中，要像引诱蛇一样，用巧妙的方法使对方暴露真实意图。这样做不仅能更好地了解对手，还能让我们获得主动权，最终顺利实现目标。

智设诱饵

智设诱饵是引蛇出洞策略中的常用战术。通过精心设计诱饵，能够吸引对方的注意力并诱导其采取行动。实施这种策略需要深入了解对方的需求和欲望，以便设计出具有吸引力的诱饵。一旦对方被诱饵所吸引，就会不自觉地暴露出真实意图，从而为我们提供机会。

安史之乱期间，郭子仪在收复京城长安后又挥师东进，直逼洛阳，叛军首领安庆绪闻讯大惊，急派大将严庄率军迎战。严庄率军占据军事要地新店，依山扎营，企图居高临下，一举击败唐军。

郭子仪率军抵达新店后，并未急于进攻，而是仔细观察叛军阵势。不久他便心生一计，命令唐军在与叛军交战时屡屡示弱，诱使叛军深入。严庄见状大喜，以为唐军疲惫不堪，遂挥军全线出击，意图一举歼灭唐军。

然而，这正是郭子仪所期待的，他早已料到严庄会中计，将唐军主力埋伏在路边。当叛军追击至正午时分，个个疲惫不堪，郭子仪一声令下，伏兵四起，喊杀声震天。叛军猝不及防，顿时陷入混乱，严庄虽拼死抵抗，但已无法挽回败局。

郭子仪智设诱饵之计，不仅成功引诱叛军出击，还趁机歼灭了大批叛军有生力量。严庄逃回洛阳后，向安庆绪报告了战败的经过，安庆绪听后大惊失色，自知已无法与郭子仪抗衡，只得带领残兵败将逃离洛阳。

郭子仪智设诱饵，引蛇出洞，不仅将叛军引出坚固的阵地，更彻底打破了其作战计划，此举不仅收复了洛阳，更在战略上赢得了重要胜利，充分展现了引蛇出洞策略在实战中的高效与威力。

围点打援

围点打援是引蛇出洞策略中常用的战术手段，它的核心思想是通过假装围攻对方某个重要的点，引诱对方派出援军前来解救，然后在对方必经之地上设伏攻击，从而达到消耗对方的实力和资源以削弱其战斗力的目的。

东汉时期，耿弇奉汉光武帝刘秀之命征讨张步的部将费邑，但费邑屯兵历下，城池坚固，难以强攻。耿弇决定采用围点打援的战术。

耿弇放出风声，假装要攻打费邑弟弟费敢据守的巨里。费邑起初不信，但随着耿弇军队在巨里城外积极备战的消息不断传来，甚至有密探报告说听到了汉光武帝命令耿弇攻下巨里的圣旨，费邑开始动摇。

当费敢发出十万火急的求援信时，费邑终于确信巨里危在旦夕，亲率三万大军赶去救援。而这正是耿弇所期待的，费邑的军队还未接近巨里，便陷入了耿弇的重围之中。

费邑此时才恍然大悟，自己中了耿弇的计，但已无法挽回败局。最终，费邑的三万大军被歼，他自己也束手就擒。

耿弇运用引蛇出洞之计，巧妙地将费邑引出易守难固的历下城，通过围点打援的战术将其一举歼灭。此战充分展示了耿弇的智勇与谋略，也再次证明了引蛇出洞策略在实战中的有效性。

制造恐慌

在引蛇出洞的过程中，通过制造恐慌可以让对方感到不安和压力，从而更容易暴露出真实意图。实施这种策略需要巧妙地掌握火候和分寸，以免因过度而引起对方的警觉和反感。通过制造适度的恐慌，我们可以更好地了解对方的底牌，为接下来的行动做好准备。

清朝时，高邮县城有一户富贵人家准备了丰盛的嫁妆，等待送新娘出嫁，然而盗贼在半夜闯入，将财物席卷一空。新娘一家人报案后，官员们却束手无策。

巡抚大人于成龙到访，听闻此案后设下一计。他命令全城只留一个城门通行，并要求全城居民待在家中等待搜查，同时派遣精干的差役守在城门，抓捕进出来回两次以上的人。

下午，两名形迹可疑的大胖子被差役抓获，他们两手空空，但于成龙断定他们就是盗贼。当于成龙命令卫兵脱下二人的外衣，众人才发现他们竟然穿着失窃的嫁衣。两个盗贼无可抵赖，只得认罪。

原来，盗贼听闻要全城搜查，急于将赃物运出城外，由于东西太多，难以一次带出，他们就把嫁衣穿在身上，装扮成胖子，企图分批转移。然而他们却中了于成龙的计策，最终落网。

于成龙通过巧妙制造恐慌和设计引蛇出洞的策略，迫使盗贼自乱阵脚，最终成功破获了这起嫁妆失窃案。此案不仅展现了于巡抚的卓越智谋和果敢决断，也再次证明了在适当的时机下制造恐慌是一种有效的手段。

引蛇出洞是智慧的较量，也是策略的胜利。无论用诱饵、设伏还是制造恐慌，关键在于洞悉人心，把握时机。只要巧妙运用这些手段，就能让对手自投罗网，从而轻松实现目标。引蛇出洞在职场、商场、生活中均有重要价值。

将欲取之，必固与之

老子在《道德经》中说："将欲取之，必固与之。"这是一种富有智慧的策略，揭示了获取与付出的辩证关系。为了得到我们想要的，首先需要给予，这不仅是对他人的尊重，也是对自己的投资。获取与给予之间，彰显的是深思熟虑与长远眼光，这种策略不是单纯的权谋，而是对人生与世界的深刻理解。

以舍求得

追求目标时，直接攻击往往不是最佳选择。通过先给予，我们可以减少阻力，为后续的"取"铺平道路。这是一种策略性思考，以退为进，以舍求得，体现了对局势的深刻洞察和灵活应对。

刘邦身为汉朝的开国皇帝，在风云变幻中面临着重重困境。公元前203年，他被项羽死死围困在荥阳，形势十分危急。而此时，韩信的请封奏书如雪上加霜般传来，请求刘邦把他刚打下的齐国封给他，让他做假齐王（代理齐王）。

韩信的信使说完后，刘邦就怒不可遏，痛斥韩信不顾大局，竟在此时谋求个人利益。一旁的张良和陈平赶紧向他使眼色，刘邦一愣，很快就醒悟了。

他明白，韩信是一位非凡的将领，若能善用其才，对汉朝的稳定和发展将起到重要作用。于是，刘邦决定舍弃齐地封给韩信，以更大的格局去看待此事。

刘邦转而笑骂道："韩大将军真没出息，大丈夫平定了齐国，要做就做真王，何必做假王呢？"随后立即派张良前往加封韩信。这一决策不仅稳定了韩信的心，更赢得了他的忠诚和支持。随后，刘邦征调韩信的部队攻打楚军，成功解围荥阳，扭转了战局，并最终依靠韩信彻底击败项羽，赢得天下。

刘邦的故事告诉我们，在追求目标的过程中，有时候需要先舍弃一些东西，才能够取得更大的收获，这种智慧不仅体现在对局势的深刻洞察和灵活应对上，更体现在对长远利益的深思熟虑上。通过先给韩信封地，刘邦赢得了忠诚和支持，最终实现了自己的战略目标，这种以舍求得的策略，实乃一种高明的成事之道。

建立信任

在开创事业的过程中，信任是成事的关键。通过先给予对方好处或支持，我们能展示出自己的诚意和善意，从而更容易赢得对方的信任，而这种信任为后续的合作和共赢奠定了坚实基础。

晋文公重耳在流亡之际得到楚成王的庇护与招待。楚成王设宴款待重耳时，试探着问："如果你有朝一日成为晋国的国君，将如何报答我呢？"

重耳思考片刻，坦然回答："您拥有的美女、珍宝，都是我所无法比拟的。但我若有幸回晋国掌权，愿与楚国建立友好关系。倘若有一天，晋楚之间不得已发生战争，我保证晋军会先行退避三舍（一舍三十里）以表谦让与感谢。"

时光荏苒，几年后重耳真的成为晋国国君。公元前632年，当晋楚两军对峙时，晋文公下令部队后退九十里，表示自己信守当初的承诺。但楚军将士却以为晋军畏惧他们，开始变得骄傲轻敌。结果，晋军利用楚军的轻敌，大破楚军，赢得了城濮之战的大胜，晋文公一跃成为春秋时期第二位霸主。

晋文公重耳的故事告诉我们，建立信任是成事的关键。在人际关系中，通过先给予对方好处或支持，展示自己的诚意和善意，更容易赢得对方的信任。这种信任不仅为后续的合作和共赢奠定了坚实基础，更为事业的发展提供了有力保障。

目光长远

"将欲取之，必固与之"，体现了眼光长远的重要性。在追求短期利益的同时，我们不能忽视长期的发展。通过先给予，能为未来的"取"创造更多可能性。

十六国时期，在逐鹿中原的纷争中，石勒以其深远的目光和策略，逐步稳固了自己的势力。当时，王弥与石勒表面和睦，但内心互相猜忌。

当王弥因部将徐邈的叛离而势力削弱时，石勒看到了机会。可他并未立即出击，而是先以谦卑之辞麻痹王弥，让王弥误以为自己并无威胁，同时在暗中积蓄力量，准备一举击溃王弥。

一次，石勒与乞活帅陈午在蓬关对阵，王弥此时也与刘瑞交战。王弥形势危急，向石勒求援，但石勒不想答应，谋士张宾进言道："将军一直想除掉王弥，现在天赐一个好机会……"石勒听罢，回援斩杀了刘瑞。王弥大喜，不再怀疑石勒。

于是，石勒设宴招待王弥。当王弥沉醉于酒宴之时，石勒却暗中布置了陷阱，在宴会上亲手斩杀了王弥，他还吞并了王弥的兵众，从而消除了自己逐鹿中原的一大障碍。

石勒的这一行动展现了他的长远眼光和谋事策略，他明白在追求长远目标时必须懂得适时地给予和取舍。通过先给予王弥虚假的支持，他成功地消除了这一威胁，为自己的未来发展铺平了道路。这一智慧不仅帮助石勒在乱世中立足，也为他成就后来的霸业奠定了基础。

石勒的故事告诉我们，在追求目标的过程中，需要具备长远眼光和策略性思维。有时候，为了未来更大的发展，我们可以先给予对方一些好处或支持，以消除潜在的威胁或障碍。这种策略不仅体现了对未来的深刻洞见和规划，更体现了对长远利益的深思熟虑。

“将欲取之，必固与之”，不仅是老子深邃智慧的体现，更是历代成大事者所遵循的成事之道。刘邦的舍地得天下，重耳的退而胜敌，石勒的以屈求伸，皆昭示了这一道理：在人生的棋局中，深思熟虑的舍弃，往往能换来更为辉煌的成功。

打破常规，出奇制胜

在复杂多变的环境中，固守常规往往难以应对新的挑战。唯有勇于打破陈规陋习，善于创新思考，才能以出奇制胜的策略攻克难关，赢得最终的胜利。这种智慧不仅适用于战场和商场，也是事业成功的关键所在。

逆向思维

逆向思维是打破常规、出奇制胜的重要策略。它要求我们从相反的角度去看待问题，挑战传统思维模式，发现隐藏的机遇。通过逆向思考，我们能够挖掘出被忽视的解决方案，以出人意料的方式应对挑战，从而在竞争中脱颖而出。

在宋朝的沧州，一场暴雨将一座古老的庙宇冲塌，庙前的两只石兽也随之消失。多年后，当和尚们决定重建庙宇时，那两只石兽却成了难题，他们悬赏寻找，船工们努力打捞，但数日过去，仍不见石兽的踪影。

人们困惑不已，开始猜测石兽可能已被冲至下游。于是年轻力壮的小伙子们纷纷出发，向下游搜寻。然而，经过十几天的艰苦努力，他们仍然一无所获。正当所有人都感到绝望时，当地的一位学者提出了他的见解。

他嘲笑那些只会按照常理思考的人，指出石兽质地坚硬沉重，只会越陷越深，定是埋藏在河底的深处。然而，在这个新的思路下搜寻，人们依然没找到石兽。

一个过路的老船工听说了这件事，他并没有像其他人一样按照常规思维去寻找石兽，而是运用逆向思维，提出了一个全新的观点。他认为，石兽既不会顺流而下，也不会一直沉在河底不动，相反，由于石头的坚实和河沙的松软，石兽会在河底形成一个空穴，随着时间的推移而逐渐向上游移动。

这个观点令所有人都感到震惊，但他们还是决定按照老船工的指点去上游寻找，结果令人惊喜——真的在上游找到了那两只石兽。这个故事告诉我们，逆向思维的力量巨大。当我们遇到难题时，不妨换个角度思考，也许就能找到解决问题的方法。

颠覆式创新

颠覆式创新是打破常规、引领变革的关键所在。它鼓励我们从根本上质疑现状，寻求新的解决方案。这种创新可能源于技术突破，也可能是对既有流程的彻底重构，它要求我们拥有前瞻性眼光，勇于挑战传统，以实现跨时代的变革。通过颠覆常规，我们能够开创出前所未有的道路，从而取得出其不意的效果。

战国时期，燕国大军侵占了齐国七十多座城池，齐国仅存的莒城和即墨也被包围着。即墨城内的气氛越来越压抑，燕军的攻城器械不断地轰击城墙，每一次震动都让人心惊胆战。然而，齐国名将田单却显得异常冷静，他并没有按照常规的防守策略进行布防，而是开始了一场颠覆传统的战术准备。

他秘密集中了一千多头牛，为它们披上画有猛兽图案的红布，并在牛角上绑着锋利的刀刃，在牛尾系上浸了油脂的麻绳。这些牛被训练成战场上的“怪兽”，只待一声令下，便会冲向敌阵。

在一日的黄昏时分，田单下令打开城墙的洞口。随着一阵低沉的牛角声响起，这些“火牛”疯狂冲出洞口，奔向燕军大营，这时牛身上的猛兽图案在火光下显得更加狰狞恐怖，牛角上的刀刃闪烁着寒光，牛尾上的火焰则像一条条火龙在夜空中飞舞。

燕军被这突如其来的“火牛群”吓得魂飞魄散。他们从未见过如此诡异的战术，面对熊熊燃烧的“火牛”和紧随其后的齐国士兵，他们根本无法组织起有效的抵抗。

这场战役成为历史上关于作战方法的一次颠覆式创新。田单没有拘泥于传统的战争模式，而是敢于创新、勇于尝试，他的“火牛计”不仅打破了战争的常规思维，更在实战中取得了出其不意的惊人效果。

敢于承担风险

打破常规、出奇制胜往往伴随着风险，但成功常隐藏在风险之中。敢于承担风险意味着我们要勇于面对不确定性，愿意为了更大的目标而冒险尝试。只有敢于承担风险，才能够突破传统的束缚，探索未知的领域，以出奇制胜的策略赢得未来的机遇，这种勇气和智慧是成功者必备的素质。

三国后期，魏国日益强大，吴、蜀日益弱小，尤其是蜀国，成为魏军的盘中餐。阴平道是常人眼中的死亡之路，这条路群山环绕，到处是断崖峭壁，而栈道又很狭窄，仿佛是大自然为人类设置的绝境。魏国将领邓艾却看到了这条路上的机遇，他知道，只有走这条路，才能避开蜀军的防线，直取蜀汉的心脏。

决定是艰难的，风险是巨大的，然而，邓艾却毫不犹豫地选择了这条路，他带领军队，像猴子一样在悬崖峭壁上攀爬摸索，每一步都充满了危险。在这个过程中，有人摔下悬崖，有人失手丧命，但邓艾从未退缩。

当邓艾的军队出现在江油时，守军被惊呆了，他们无法相信，这支疲惫不堪、粮食不足的军队竟然能从阴平道中走出来。在邓艾的勇敢和决心面前，江油守军只好投降。

随后，犹如神兵天降的邓艾率军又迅速拿下涪城和绵竹，最终逼得后主刘禅出城投降。这一切的胜利，都源于邓艾敢于承担风险的勇气和智慧。

在风云变幻的历史舞台上，那些敢于打破常规的英雄，用他们的智慧和勇气谱写了不朽的篇章，创造了属于自己的神话。让我们以他们为榜样，勇于突破束缚，敢于创新思考，在未知的领域中探索前行，开创属于我们的辉煌未来。

他山之石，可以攻玉

借他山之石，琢己身之玉，磨砺雕琢，方显光华。然此道非一蹴而就，需以恒心、智慧与勇气，历经风雨，方能成就大事。他山之石，亦为磨刀石，玉之瑕疵，皆可磨平。成事者需借鉴他人之长，修正己身之短，终可攻玉成器，成就辉煌。

开放心态，积极学习

保持开放的心态是借鉴他山之石的前提。我们要勇于承认自己的不足，积极寻找并学习他人的成功经验，通过阅读、交流、实践等方式，不断吸收新知识，不断拓宽视野，为解决问题提供新的思路。

战国时期，赵武灵王自知赵国的军事弱势，便以其开放的心态和积极学习的精神，开启了一场强化国家力量的深远变革。他打破传统束缚，勇于向胡人学习，借鉴他们的骑射技术和服饰风格。

赵武灵王明白，要学习他人的优点，首先必须放下身段，承认自身的不足。他以开放的心态看待胡人的骑射技术，承认其中蕴含的军事优势。他并未因胡人是赵国的敌人而拒绝学习，反而以积极的态度去接触、去了解、去学习。

他的决心和行动在赵国上下引起震动，许多人无法理解他的做法，甚至直接表示反对。但赵武灵王并未因此退缩，他坚信自己的选择是正确的，只有开放心态，积极学习，才能使赵国强大起来。

他以身作则，率先穿上胡人的服装，学习胡人的骑射技术。他的行动激发了赵国人民的热情，大家纷纷效仿他。这场改革最终改变了赵国的军事面貌，让其成为可以向强秦叫板的强国。

赵武灵王的开放心态和积极学习的精神，使赵国逐渐强大起来，成为战国“七雄”中的佼佼者。他的故事告诉我们，只有保持开放的心态，勇于承认自己的不足，并积极向他人学习，才能不断进步，实现自己的目标。

深入分析，精准借鉴

借鉴不是简单的模仿，而是要在深入分析的基础上找到“他山之石”的精髓所在。我们要透过现象看本质，理解他人成功的关键因素，并结合自身实际情况进行精准对标，这样才能避免生搬硬套，确保借鉴的效果。

北魏时期，出身鲜卑族的孝文帝拓跋宏认识到汉族文化、制度上的先进性，决定进行改革。因深知鲜卑族与汉族之间的差异，他没有盲目模仿，而是首先深入分析汉族文化的精髓所在。他明白自己要向汉族借鉴的不仅仅是表面的服饰、语言，还有背后的礼仪、制度和文化，因此制定了一系列汉化政策，从服饰改革开始，逐步推广到语言、姓氏、婚姻等方面，旨在使鲜卑族逐渐融入汉族社会。

北魏太和十八年（公元 494 年），孝文帝迁都洛阳，面临鲜卑习俗与中原文化冲突等问题。为巩固政权、促进交往和发展，他决定在王肃等汉族士人的支持下推行汉化改革。他下令禁止穿胡服，规定鲜卑等族改穿汉服，百官也改着汉族朝服，同时免除迁户三年租赋，鼓励耕种土地。

孝文帝的精准借鉴不仅体现在对汉族文化的吸收上，更体现在对汉族制度的借鉴上。他引入了汉族的门第等级制度，对鲜卑贵族进行分姓定族，使鲜卑族的社会结构更加合理、稳定，这一举措不仅缓解了民族隔阂，还促进了鲜卑族内部的团结和发展，史称“孝文帝中兴”。

孝文帝的深入分析和精准借鉴为北魏的发展注入了新的活力，他的汉化改革促使鲜卑族逐渐融入汉族社会，实现了民族的融合和国家的繁荣。孝文帝的智慧和勇气为后人树立了榜样，告诉我们只有深入分析、精准借鉴，才能找到适合自己的发展道路。

注重实践，不断调整

实践是检验真理的唯一标准。在借鉴“他山之石”的过程中，我们还应注重实践验证，并根据实践结果不断调整，通过反复实践和调整来找到最合适的方法和策略，从而更好地解决问题。

金末元初人姚枢，自幼聪颖，勤奋好学，具备辅佐君王之才。被忽必烈征召漠北后，姚枢并没有急于提出自己的政治观点，而是通过观察和实践，逐渐了解蒙古国的需求和问题，并凭借敏锐的洞察力，一次次助忽必烈逢凶化吉，赢得了信任。

姚枢倡导用汉法治理汉地，先谈形而上的治国平天下的道理，分成修身、力学、尊贤、亲亲、畏天、爱民、好善、远佞八种；然后针对蒙古国的实际情况，谈形而下的改革时弊的要务，多达三十条，包括立省部、举遗逸、慎铨选、汰职员、班俸禄、重农桑、修学校等，各种建议都论及具体实施的方略。这些建议既具有理论深度，又具有实践价值，为忽必烈治国平天下提供了有力支持。

姚枢还善于通过实践来化解矛盾，他曾分析蒙古军队的失误，提出在蒙宋交界地区屯垦戍边的策略，这不仅解决了边疆安全问题，也缓解了民族矛盾。在军中宴会上，他借宋初曹彬攻占南唐后不杀一人、市不易肆的故事劝谏忽必烈减少杀戮，忽必烈听后将“屠城令”改为“止杀令”。

姚枢以其实践智慧和不断调整的策略，帮助忽必烈建立元朝，完成统一，成为元朝的重要人物。他的故事告诉我们，只有注重实践、不断调整，才能在实践中发现问题、解决问题，化解矛盾。

他山之石，不可简单挪用，而应智慧转化。在借石之坚、琢己之玉的实践中，开放心态如迎风之帆，精准深析似指路之灯，实践调整为前行之舵，如赵武灵王之变革、北魏孝文帝之汉化、姚枢之辅元，皆以石攻玉，终成辉煌。智者善假于物，而能自成其器。

捌

反败为胜 · 逆境突围篇

面对逆境和失败，反败为胜不仅是一种智慧，更是勇气和信念的一种体现。在困境中保持冷静、积极寻找突破口是实现逆转的关键。通过深入分析失败的原因、调整策略并充分利用现有资源，我们能够在逆境中发现新的机遇并重新掌握主动权。反败为胜不仅需要灵活的变通能力，更需要坚定的意志力和不屈不挠的精神支撑，只有这样，我们才能在人生的道路上不断迎接挑战，并实现自我超越。

围魏救赵，曲线相助

“围魏救赵”是个富有智慧的谋略。面对敌人的围攻，我们不能直接硬拼，可以绕到敌人后方去捣乱，攻其必救，这样分散敌人兵力，前线的压力就轻了，这就是以巧取胜，用脑子打仗。生活里也一样，遇到困难时，换个思路，也许就能找到解决的办法。

心理战术的运用

“围魏救赵”之计中的心理战术十分精妙。我方制造恐慌和混乱，使敌方在心理上产生动摇和不安，这种心理上的打击往往比物质上的损失更加致命，它能让敌人失去信心和斗志，从而为我方的胜利创造有利条件。这种心理战术的运用，体现了战争中的诡诈与机智。

公元前 353 年，魏国出兵攻打赵国，魏国大将庞涓围攻赵国都城邯郸，赵国危在旦夕，向齐国发出求救信号。

齐威王决定出兵救援，田忌准备直奔邯郸，但军师孙膑却提出了一个出人意料的计策——围魏救赵。他深知魏国国内空虚，于是建议田忌率领大军直捣魏国都城大梁，以此迫使魏军回撤，解邯郸之围。

田忌依计而行，率军迅速向大梁挺进。消息传到前线主帅庞涓的耳朵里，他大惊失色，深知大梁若失守，后果不堪设想。无奈之下，他只得下令放弃围攻邯郸，火速回国救援。

然而，当疲惫不堪的魏军赶到桂陵时，却遭遇了齐军的伏击，原来孙膑早已在此设下埋伏，只等魏军自投罗网。经过一场激战，魏军大败，损失惨重，庞涓也险些成为俘虏。

这场战役充分展示了"围魏救赵"心理战术的威力。孙膑通过精准的判断和巧妙的布局，成功打破魏军的战略平衡，使其在心理上产生动摇和不安。这种心理上的打击，让魏军失去了战斗的信心和斗志，从而为齐国的胜利创造了有利条件。

桂陵之战成为战国历史上的一段佳话，而"围魏救赵"这一心理战术的运用，也成为后世兵家学习的典范。它告诉我们，有时候运用心理战术往往能有四两拨千斤的奇效。

分散敌方兵力

"围魏救赵"的精髓在于通过攻击敌人后方，迫使其分兵救援，从而削弱其前线攻势。此计巧妙地分散敌方兵力，避免与敌人正面硬拼，从而以最小的代价换取最大的战果，体现了战场上的智慧与策略。

南北朝时期，一场典型的“围魏救赵”战略在钟离之战中完美演绎。当时，北魏大军压境，钟离城危在旦夕，但梁武帝并未直接增援钟离，反而派遣曹景宗和韦睿率军直捣魏军后方的邵阳洲，这一布局正是“围魏救赵”的精髓所在。

魏军本以为可以轻易拿下钟离，却没想到梁军会突然出现在其后方。曹景宗和韦睿的军队如同从天而降，打得魏军措手不及。这一战术成功分散了魏军的兵力，使其陷入忙于被动应付的局面。

同时，梁军还巧妙地利用了淮水的地形优势，对魏军发起火攻。熊熊大火在淮水上蔓延，瞬间使魏军的桥梁和营垒化为灰烬，魏军士兵在火海中挣扎，死伤无数。这一战术的运用体现了梁军的智慧和勇气，让魏军尝到了“围魏救赵”的厉害。

最终，钟离之战以梁军的胜利告终。这场战役不仅成功解救了钟离之围，更让梁军在南北朝战争中赢得重大胜利。

这次“围魏救赵”之计的运用，在历史上留下了浓墨重彩的一笔。它告诉我们，有时候直接硬拼并不是最好的选择，通过巧妙的战术和策略，往往能够以最小的代价赢得最大的胜利。

打破敌方战略平衡

“围魏救赵”之计不仅能分散敌方兵力，更能打破其战略平衡。部署兵力时讲究一种战略上的优势，而攻击敌人后方，打破敌人原有的战略部署，可使其陷入被动和混乱，这种战术上的突然转变，往往能出奇制胜，让敌人措手不及。

公元1519年，宁王朱宸濠在江西南昌老巢发动叛乱，率叛军直逼安庆，整个大明江山似乎都在他的贪婪目光下颤抖。在这危急时刻，南赣巡抚王阳明挺身而出，以智慧和勇气为武器，决心扭转乾坤。

王阳明深知，与叛军正面交锋并非上策，他回想起古老的兵法“围魏救赵”，心中定下妙计。于是，他召集众将，提出一个大胆的计策：攻打叛军的老巢南昌。

众将闻言，议论纷纷，王阳明却以坚定的语气解释道：“叛军精锐已东下安庆，南昌必定空虚。我们若攻其不备，可望一举夺城。朱宸濠闻讯必定回援，安庆之围自解。”

众将被王阳明的智慧和勇气所折服，纷纷表示赞同，于是王阳明率领大军星夜兼程，直扑南昌。

果然不出王阳明所料，南昌守军势单力孤，根本无法抵挡王阳明大军的进攻。几天后，南昌城破，叛军闻讯大惊失色。朱宸濠急忙下令撤兵回援，但已为时晚矣。

王阳明乘胜追击，与叛军展开激战。在王阳明的巧妙指挥下，明军大败叛军，朱宸濠的野心也随之破灭。

王阳明成功运用了“围魏救赵”之计，打破了叛军的战略平衡，他攻击叛军后方，迫使叛军回援，从而扭转了战局。这充分展示了智慧与策略的重要性，这一场战役也成为历史上出奇制胜的典范。

在历史的长河中，“围魏救赵”之计如一颗璀璨的明珠，闪耀着智慧与勇气的光芒。孙膑、王阳明等人的智勇之举，让我们在赞叹之余更深刻体会到战争的艺术与生活的智慧，也告诉我们，在困境中，换个思路，绕开险阻，或许就能找到通往胜利的捷径。

以其人之道，还治其人之身

“以其人之道，还治其人之身”出自宋代朱熹的《四书章句集注》：“故君子之治人也，即以其人之道，还治其人之身。”这不只是表面上的报复或反击，更是一种高级的应对策略。我们用对方的手段或方法来对付对方，从而在不产生直接冲突的情况下化解问题，让对方自食其果。

保持冷静是前提

唯有冷静之中才能开出智慧之花，冲动只会滋养愚昧。面对他人的挑衅，以静制动，方能洞察秋毫，看清对方的虚实。保持冷静不是懦弱，而是一种高级的自卫，让我们在风浪中稳住舵，驶向胜利的彼岸。

春秋时期，齐国派遣了身材矮小的晏子作为使者出使楚国。楚国人为了羞辱晏子，特意在大门旁开了一个小洞，让他从小洞进入。面对这种明显的挑衅，晏子并没有失去理智，反而以其人之道，还治其人之身。

晏子平静地站在小洞前，对前来迎接的楚国人说道："出使到狗国的人才会从狗洞进去，我今日出使的是堂堂楚国，怎能从这个狗洞进入呢？"他的话让楚国人无言以对，只得带他改从大门进入。

见到晏子后，楚王再次挑衅道："齐国难道没有人了吗？怎么会派你来做使者？"晏子依然保持冷静，他微笑着回答："齐国人口众多，人才济济。只是齐国派遣使者自有规矩，贤者出使有德才君主所在国家，无德才的则出使无德才君主的国家。我最无德才，所以被派来出使楚国。"

晏子的冷静与机智为他赢得了尊重，也维护了国家尊严。这个故事告诉我们，面对挑衅，"以其人之道，还治其人之身"是不错的策略，但是保持冷静是前提。

借力打力是手段

借力打力，巧借东风，以敌之矛攻敌之盾，这不是硬碰硬，而是运用智慧，将对方的攻击化为无形。它既是一种策略，也是一种艺术，让我们在应对挑战时，如同舞者般轻盈，化解困境于无形。

草船借箭是三国时期一个著名的故事，也是"借力打力"策略的经典案例。故事中，诸葛亮巧妙利用了敌方的资源，成功获取了大量箭矢，充分展现了"借力打力"的智慧和艺术。

当时，周瑜为了刁难诸葛亮，让他在三天之内造出十万支箭。面对这一看似不可能完成的任务，诸葛亮并未屈服，他没有选择传统的方式去筹集箭矢，而是巧妙地利用了曹操的多疑性格和江上的雾气。

诸葛亮准备了数十只草船，在上面扎满了草人，然后利用江上的雾气作为掩护，向曹营驶去。雾气朦胧，曹操看到江上有船队靠近，便下令放箭射击，结果，这些箭矢并没有射中人，而是纷纷插在了草人身上。诸葛亮就这样轻松地"借"到了曹操的箭。

这个故事充分体现了"借力打力"的策略。诸葛亮没有选择与曹操硬碰硬，也没有费力筹集箭矢，而是巧妙地利用曹操的攻击，将其转化为自己的资源，不仅避免了直接的冲突和损失，还以最小的代价赢得了最大的利益。它告诉我们，面对挑战时，我们应该学会运用智慧和策略，通过"借力打力"，更加灵活地应对各种困境，化解难题于无形之中。

坚守道德是底线

以其人之道还治其人之身，不是以恶报恶。在运用策略时，我们必须守住道德的底线，不沦为仇恨的奴隶。正义与良知是我们的灯塔，指引我们在还击时不失为人之道，保持内心的光明与磊落。

明朝正德年间的福州府城，秀才郑堂开设了一家字画坊，因生意兴隆而名声远扬。一日，他被骗用八千两银子购入一幅假的《韩熙载夜宴图》，消息迅速传开，引起全城轰动。然而郑堂并未因此气馁，还设宴邀请全城士子名流和字画行家共赏假画，以警示同行。

宴会上，郑堂将假画高悬于大厅正中央，让众人仔细观摩。他坦言自己受骗的经历，并表示此举旨在帮助同行识别骗局，避免重蹈覆辙，同行们纷纷称赞郑堂的大度和智慧。随后，郑堂将假画投入火炉销毁，强调不能留此假画害人，这一举动再次轰动全城。

第二天，骗子龚智远再次来到郑堂的店里，要求赎回画作，郑堂冷静应对，表示可以兑换，但需加收三成利息。龚智远以为画作已被烧毁，心中无惧，便爽快地答应了，然而，当他拿到画作展开一看时，却发现竟然真是自己当时出售的那幅。

原来，郑堂在发现受骗后就暗中仿制了一幅《韩熙载夜宴图》，同时故意声张自己受骗，并设宴毁画，以此引诱骗子现身。最终郑堂不仅成功收回了本息巨金，还让骗子受到了应有的惩罚。

郑堂的智慧和勇气赢得了全城人的敬佩，他以骗子之道，还治骗子之身，让骗子自食其果，既坚守了道德的底线，又捍卫了正义与良知。

“以其人之道，还治其人之身”是一种高级的心理战术和应对策略，它要求使用者保持冷静，不仅能够借力打力，还要维护道德底线。我们若能巧妙地运用这一策略，可以以敌之矛攻敌之盾，从而化解矛盾，维护自己的利益。

养精蓄锐，后发制人

时机未到时，要保持冷静，积蓄力量，不为眼前纷扰所动，待时而发。后发制人，是深思熟虑后的行动哲学，谙于此道的人，不急于求成，不争一时胜负，而是在冷静中观察、在沉稳中思考，如同拉满的弓，只待最佳时机一箭穿心。此策略展现的是耐心与智慧，赢得的是长远与全局。

保持冷静，足够耐心

养精蓄锐之道，首在冷静与耐心，如秋水长天，静观云卷云舒，不为风动，不为波摇。耐心是智者的磨石，磨砺心志，待时而动。非淡泊无以明志，非宁静无以致远。保持冷静，方能洞察秋毫；拥有耐心，才可待机而发。

公元前 744 年，郑武公去世后，其子郑庄公继位。然而，郑庄公的母亲武姜偏爱郑庄公的弟弟共叔段，多次请求郑庄公给共叔段更好的封地，尽管郑庄公明白共叔段的野心，但出于孝道，他仍然满足了武姜的请求，将京邑封给了共叔段。

共叔段在京邑自称“太叔”，并非法扩建城墙，规模甚至超过了法定的都城规模。大夫祭仲向郑庄公进谏，指出共叔段的行为对国家有害，但郑庄公表示这是母亲的要求，他无法拒绝。祭仲警告说，如果不及时制止共叔段，他的势力将会滋长蔓延，难以处理。郑庄公说：“多行不义必自毙，静待观之。”

随着时间的推移，共叔段逐渐扩大了自己的势力范围，甚至要求郑国西边和北边的边邑在听从国都命令的同时也要听从自己的命令。公子吕向郑庄公进言，国家不能有两个君主，必须立即处理共叔段的问题。然而，郑庄公仍然保持冷静。

果然，在郑庄公二十二年（公元前 722 年），共叔段发动了叛乱，试图偷袭郑国都城。早有准备的郑庄公果断反击，共叔段的军队迅速崩溃，他被迫逃回京邑，然后又逃到鄢邑。郑庄公紧追不舍，最终在鄢邑打败了共叔段，共叔段只得逃到共地避难。

这个故事展示了郑庄公的冷静和耐心，他知道共叔段的野心，但并没有急于行动，而是等待合适的时机，最终，他成功挫败了共叔段的叛乱，既没有落人口实，也维护了国家的稳定。

深入了解，周密计划

养兵千日，用兵一时。深入了解是制胜的先决条件，如要探囊取物，须先知囊中乾坤。周密计划是行动的指南，如明灯照路，不迷失方向。深入而不肤浅，周密而不疏漏，如此方能运筹帷幄之中，决胜千里之外。

公元前 187 年，吕后掌权，欲封吕氏为王，引起朝内动荡。右丞相王陵坚守刘邦的白马之盟，强烈反对，但陈平、周勃为保全社稷，选择顺从。此后，吕后将王陵调任虚职，任命陈平为右丞相，不过实权落在了吕氏子弟手中。陈平与周勃暗中谋划铲除吕氏势力。

公元前 180 年，吕后去世，上将军吕禄、相国吕产掌控军政大权，威胁刘氏皇室。周勃虽为太尉，却无法进入军门；陈平为丞相，却不能过问国事。因吕禄与郦寄交游甚密，并对郦寄言听计从，陈平、周勃二人便密谋挟持郦寄的父亲郦商，并通过游说和策略，使吕禄交出北军兵权，周勃趁机进入北军，掌控军队。

然而，南军仍在吕产手中，陈平召来朱虚侯刘章协助周勃，设计诱杀吕产。朱虚侯请求派兵，周勃给他千余士卒。一日傍晚，朱虚侯率军向吕产发起进攻，将其杀死在郎中府吏的厕所中。此后，周勃、陈平等人迅速行动，彻底铲除吕氏势力，然后拥立代王刘恒为帝，即汉文帝。

陈平、周勃开始没有急于行动，而是养精蓄锐，后发制人。他们通过深入了解吕氏势力的内部情况，制定了周密的计划，利用吕氏内部的矛盾，联合刘氏皇族和忠诚的朝臣，通过策略和武力相结合的手段，成功铲除了吕氏势力，维护了刘氏江山。

抓住时机，果断行动

时势造英雄，英雄亦需乘时。养精蓄锐之后，一旦时机成熟，便要如猛虎下山，果断行动。机不可失，时不再来，抓住时机是成功的关键，果断行动则是制胜的保障，就如箭在弦上不得不发，如江河决堤势不可挡。

鲁庄公十年（公元前684年），齐国入侵鲁国，鲁庄公整军应战，曹刿前来督战。鲁庄公选择避齐军锋芒，撤退至长勺地带，寻找反攻的机会，而齐军则仗着兵强马壮发起猛烈的攻击。

曹刿建议鲁庄公保持冷静，不要急于出击，鲁庄公听从了他的建议，命令鲁军只以弓弩射击，保持阵势不乱。因此，齐军虽然发起两次猛烈的攻势，但始终无法攻破鲁军的阵地。

齐军将领看到鲁军没有出击，认为鲁军怯于应战，于是下令发起第三次进攻。此时曹刿看到了齐军的疲态，认为出击的时机已到，因此果断建议反击，说："现在正是出击的好时机。"鲁庄公亲自擂起战鼓，鲁军应声而出，向齐军发起猛烈的反击，齐军措手不及，大败而逃。

鲁庄公欲追击齐军，曹刿却担心有埋伏，建议先观察。他登上车前的高处向齐军逃跑的方向望去，发现齐军的旗帜杂乱无章，战车留下的车辙也乱七八糟，于是判断齐军是真的败逃，便对鲁庄公说："可以追击了。"鲁庄公于是下令追击，鲁军奋勇追杀，将齐军赶出了鲁国国境。

长勺之战的胜利充分展示了曹刿的智谋和果断，他准确判断战局，及时抓住战机，为鲁国赢得了胜利。同时，鲁庄公也展现出了明智的决策和坚定的执行力，使得鲁国能够在不利形势下转危为安。

成功不是靠一时冲动，而是长时间积累和等待的结果。养精蓄锐，就是在为那一刻做准备；后发制人，是在等待最佳的出击时机。在风云际会之时，英雄便挺身而出，用智慧和勇气书写属于自己的传奇。所以，真正的胜利者常常是那些懂得忍耐和等待的人。

无中生有，突破困境

无中生有，非空幻之谈，而乃心灵之力、智慧之果，于寂静无声处听惊雷，于无色无形中见万象。无中生有的魔力，像一盏明灯，指引我们在困境中前行；又像一把钥匙，让我们在有限的世界里开启无限的宝藏。无中生有就是生命不断创造新事物的力量，是我们永不停歇的创造力的源泉。

放飞思维

在思想的天空中，没有既定的航线，只有不断探索的勇气。无中生有，就是在这无边的蓝天中放飞思维的翅膀，去触摸那些看似遥不可及的梦想。它告诉我们，只要敢于想象，就有可能实现。

东汉永平十六年（公元 73 年）的一个晚上，月明星稀，万籁俱寂。云中太守廉范在军营中踱步，他的心中充满了忧虑，匈奴大举进攻，而他的士兵数量只有敌人的一半。

部将们建议向四邻求援，廉范说："这次匈奴大举进攻，四邻皆知，他们有的为保存自身力量不愿发兵，有的势单力薄分不出兵，我们首先要立足自己的力量。”

大家踊跃出谋划策，开启思维风暴，突然，廉范灵光一闪，“无中生有”的计策浮现在脑海。他迅速布置下去，部将们虽感到疑惑，但见太守胸有成竹，便立刻执行。

廉范让每个士兵都手持特制的十字形火炬，在军营内分散站立，这样从远处看一个人仿佛变成了三个人。匈奴人看到这一幕惊恐万分，以为汉朝的增援大军已到。

天色渐亮，匈奴人见势不妙，急忙撤兵。廉范趁机命令士兵们敲响战鼓，喊杀声震天动地。汉军精锐部队乘胜追击，而匈奴兵在慌乱中自相践踏，死伤惨重。

积极思考，让思维活跃起来，使廉范在困境中找到了“无中生有”的妙计，以少胜多。这场胜利告诉我们，在面对挑战时，只要敢于打破思维的局限，想方设法，就一定能够找到克敌制胜的法宝。

勇于创新

无中生有是创新的启动键，是智慧的闪现。它挣脱现实的桎梏，勇于在未知的领域探寻，将看似不可能变为触手可及。每一次从无到有的跨越，都是创新的见证，彰显着生命的无限潜能。

东晋咸和五年（公元 330 年），后赵国的荆州监军郭敬受命攻打东晋襄阳。然而襄阳守军强大，由骁勇的南中郎将周抚统领，敌众我寡，形势严峻。

后赵国主石勒无法立即增援，于是传令郭敬："若周抚派人侦察，你要设法让他知道，我们的大队骑兵七八天后就到，届时他们将无处可逃。"如何将这话变为行动呢？郭敬苦思冥想，想到了"无中生有"的妙计。

郭敬命令士兵们手执马鞭，驱赶战马至河边洗澡，这些马匹循环出现，昼夜不停，仿佛后赵大军源源不断。周抚派出的游动哨发现了这一情况，急忙回报。

周抚听闻后心生恐惧，惊慌之下，他连夜逃离襄阳，前往武昌。就这样，郭敬不费一兵一卒，便占领了襄阳城。

这一战例充分展示了创新的源泉——无中生有的智慧与勇气。面对困境，郭敬运用智慧从现实中找到了突破口，将不可能变为可能，这种勇于挑战、敢于创新的精神，正是突破困境的重要力量。

展现勇气

即使众人怀疑、不懈，我们依然要坚定地前行。因为真正的创造往往始于无人涉足的荒原，那里虽有风险，但更有未知的宝藏等待被发掘。无中生有的勇气，就是面对未知的坚定与果敢。

东汉元初二年（公元 115 年），羌族人进攻武都，虞诩任武都太守，领兵征讨时发现峭谷有大量羌军埋伏，但他临危不惧，决定用计突破，便声称等待援兵，使羌军分散兵力。然后，虞诩迅速突破峭谷，向赤亭进发，途中命令士兵逐日增灶，制造有援军的假象，成功迷惑了羌军。

众部下对虞诩的战术感到疑惑，虞诩解释说："敌人势众我们人少，行军速度慢了容易被敌人追上，急行军能使敌人摸不清我们的情况。敌人见我们的锅灶日益增多，必定认为我们有了援军。这与孙膑的减灶示弱不同，因为我们面临的形势不同。"大家听后纷纷称赞。

到达武都后，虞诩被羌军包围。但他心存战胜敌人的勇气，再次运用智谋，命令汉军只用小弓箭射击，让羌军误以为汉军弓力弱，急攻而上。然后虞诩命令强弓手集中射击，每发必中，大败羌军。第二天，虞诩又让官兵频繁更换衣服，从不同城门进出，制造援军源源不断的假象，吓得羌军仓皇撤退。

虞诩凭借智慧和勇气，成功击退羌军。他的战术不仅体现了对兵法的灵活运用，也展示了他对形势的敏锐洞察力和临危不惧的领导力。

坚守信念

在追求梦想的路上，我们总会遇到各种困难和挫折。无中生有的信念，就是在山重水复疑无路时，仍然相信柳暗花明又一村。这种信念如同夜空中的北斗星，指引着我们在迷茫中找到方向。

安史之乱爆发后，安禄山一路势如破竹，直奔长安而来，唐玄宗吓得仓皇逃离，形势一度十分危急。当叛军令狐潮率领四万大军进攻雍丘时，雍丘守将张巡和将士们坚守了六十多天，打退了叛军的三百多次进攻，即使在最艰难的时刻，他们也始终保持着坚定的信念和昂扬的斗志。

当长安失守的消息传来时，雍丘城内的六名将领动摇了，但张巡却以斩钉截铁的态度，处决了这些动摇军心的将领，稳定了军心。

在箭矢用尽的危急关头，张巡巧施妙计，他命令士兵们制作草人，利用夜色将草人垂下城墙。叛军看到后误以为张巡要偷袭，纷纷放箭射击，等到天亮时才发现自己上当了。而张巡则利用这个机会收集了大量箭矢，为接下来的战斗做好了准备。

张巡的坚守和智慧不仅赢得了将士们的敬佩和信任，也为唐朝抗击叛军立下了赫赫战功。他的故事告诉我们：在坚守信念的道路上，无论遇到多大的困难和挫折，只要我们有坚定的信念和过人的智慧，就一定能够战胜一切挑战。

在“无中生有”的妙策中，历史上的英雄们用智慧与勇气书写了不朽的传奇。放飞思维能突破现实的束缚，勇于创新能涌现无尽的策略，积极摆脱困境的勇气让人急中生智，而坚定的信念则是指引前行的明灯。无中生有，是心灵与智慧的结晶，让我们在挑战中创造奇迹，点亮未来的希望。

空城计，玩的就是心理战

空城计，虚而实之，实而虚之，如幻如梦，难以捉摸。此计之妙，在于以无胜有，以静制动，犹如闲庭信步，却使敌人胆寒心惊。空城之计，非大智大勇者不能为。空城计告诉我们，有时候以不变应万变，保持冷静和镇定，反而会使对手摸不清我们的底细，从而达到出奇制胜的效果。

信息不对称的妙用

在空城计中，守方通过故意隐藏真实情况，制造信息不对称的局面，敌人无法准确判断城中的实际情况，只能凭借猜测和推测来做出决策。这种不确定性往往会导致敌人做出错误的判断，从而落入陷阱。

最有名的空城计是《三国演义》中，诸葛亮在城楼上弹琴，吓退了司马懿大军。但这是小说家之言，历史上其实并不存在。历史上最早有明确记载的空城计出现在春秋时期。

当时，楚国令尹子元率领大军压境，直逼郑国国都。郑国兵力微弱，形势岌岌可危。在这紧要关头，郑国大臣叔詹巧妙利用信息不对称，成功施展了一出空城计。

叔詹深知，郑国的实力根本无法与楚军正面抗衡，于是，他命令所有士兵藏匿于城中，并保持城内的平静与秩序，店铺照常开门，百姓如常行走，整个城市一片宁静祥和。

更为关键的是，叔詹下令大开城门，仿佛是邀请楚军进城。这一举动令楚军将领大感疑惑，他们无法判断城中的实际情况。楚军将领怀疑这是郑国的诱敌之计，担心城中有埋伏，因此不敢贸然进攻，最终选择了撤退。

叔詹凭借巧妙的空城计，成功地迷惑了楚军，保住了郑国的安全。这场战役充分展示了信息不对称在战争中的重要性，以及如何利用信息不对称来迷惑敌人，从而达到出奇制胜的效果。

对敌人心理的预判

空城计的成功运用有赖于对敌人心理的准确预判，守方需要了解敌人的性格、思维方式、作战习惯等信息，从而制定出有效的方案。只有深入了解敌人，才能成功欺骗和迷惑他们，从而达到预期的效果。

汉景帝在位时期，匈奴频繁侵扰边境，对汉朝的安全构成严重威胁。一次，匈奴的三个射雕能手射杀了汉军几十名骑兵，得知消息的“飞将军”李广亲自带领一百多人马前往追击。

经过一番追逐和激战，李广成功射杀两人，活捉一人。然而，当他们准备返回营地时，却遭遇了上千名匈奴骑兵的追击。面对这种情况，李广并没有惊慌失措，而是冷静地分析了敌人的心理。

他深知，匈奴人看到他们只有百余名骑兵的情况下，如果自己能够保持镇定，敌军就会怀疑是否有埋伏。于是，他果断下令停止撤退，向前进攻，以进一步加深敌人的疑虑。当匈奴人看到他们不仅不后退，还卸下马鞍休息时，更加坚信了有埋伏的判断。

李广的这一举动正是基于对敌人心理的准确预判。他了解匈奴人的思维方式和作战习惯，知道他们在面对这种情况时会做出怎样的反应，因此才制定出如此有效的“空城计”，成功地迷惑了敌人。双方这样相持到天黑，匈奴人又怕遭到汉军的偷袭，就悄悄地撤走了。

在整个过程中，李广始终保持冷静和镇定，成功地欺骗了匈奴人，保住了自己和部下的生命安全。他的这一举动充分展示了在战争中准确预判敌人心理的重要性。

对战场环境的利用

空城计的成功离不开对战场环境的巧妙利用。守方根据地形、天气、时间等战场环境因素，制定出适合当前情况的方案，可以增加导致敌人误判和发生混乱的概率，从而提高空城计的成功率。

明朝中叶，北方边陲名将马芳在与鞑靼的交锋中以少胜多，威名远播。一次，蒙古鞑靼部首领俺答之子辛爱集结十万大军南下攻击万全右卫，马芳率领一万精兵北上迎敌。

当马芳的军队赶到马莲堡时，面对蒙古大军压境的形势，副将建议南撤与主力会合后再决战。马芳却果断拒绝了这一建议，他深知，在敌众我寡的形势下，撤退只会引来敌人追杀的悲惨局面。

马芳巧妙地利用了马莲堡的战场环境，他命令全军在马莲堡设防，摆出一副要与蒙古大军决战的架势。见蒙古军犹豫不决，马芳便命令部下大张旗鼓，制造出数万精兵坐镇的假象。这一举动成功迷惑了蒙古军，让他们对马莲堡的守军实力产生了误判。

当天下午，马莲堡城墙突然坍塌，但马芳制止了部下的修缮行动。这一反常的举动让蒙古军更加疑惑不解，不敢贸然进攻。

入夜后，蒙古军虚张声势地摆出要全面攻城的架势，但马芳却不为所动。他命令部下打开城门，自己在军帐中安然静坐。而蒙古军被马芳的镇定自若所震慑，始终没有胆量进攻。

最终，在天亮时分，蒙古军决定撤军，而马芳则趁机下令全军出击，追杀了数十里，大获全胜。

马芳在马莲堡的战役中巧妙运用空城计，成功击退了蒙古大军，展现了卓越的军事智慧和策略。他深刻理解战场环境的重要性，善于利用各种因素来制造假象，迷惑敌人。

勇气和智慧的结合

空城计不仅需要用智慧来制定策略，更需要有勇气来面对敌人的进攻。守方必须在敌人面前保持镇定和自信，不被敌人的威胁所动摇。只有勇气和智慧相结合，才能让空城计发挥出最大的威力。

公元190年的寒冬，孙坚准备挥兵讨伐权臣董卓，在筹备粮草的关键时刻，董卓大军却突然兵临城下，将鲁阳城围得水泄不通。

面对这突如其来的危机，城中官员和士兵都惊恐万分，而孙坚却镇定自若，他深知，此刻自己必须展现出足够的勇气和智慧，才能稳定军心，化解危机。

他泰然自若地在城东门外设宴欢送即将押运粮草的长史公仇称，他举杯向公仇称祝酒，语气坚定而自信。同时，他暗中吩咐将领整顿队伍，保持秩序。

在董卓大军面前，孙坚没有表现出丝毫的慌乱和畏惧，反而与将领们谈笑风生，仿佛在自家庭院中一般自在。他的这种勇气和智慧令城中官兵深受感染，逐渐稳定了情绪。

董卓的官兵看到这一幕，心中不禁生疑，认为必有埋伏，他们不敢贸然攻城，最终选择了撤退。此战例充分说明，在战场上，勇气和智慧两者缺一不可，它们的完美结合往往能够创造出惊人的战绩。

历史见证了无数智勇之士以静制动、以弱胜强的英勇事迹，他们冷静面对困境，勇敢迎接挑战，用智慧和勇气书写了不朽的传奇。空城计不仅是战争的艺术，更是人生的智慧。

忍辱负重，委曲求全

忍辱负重，委曲求全，是一种深邃的人生智慧。它意味着能在困境中坚守信念，能以坚韧的意志承受屈辱，能以宽广的胸怀包容委屈。在委曲中求全，不仅需要勇气，更需要智慧，因为只有理解生命的真谛，我们才能超越眼前的困厄，实现内心的平和与远大的抱负。

学会忍耐与等待

屈辱往往是一时的，而忍耐是为了更长远的未来。我们要像潜伏的猎豹，耐心地等待时机，一旦机会来临，便迅猛出击，用成功来洗刷过去的耻辱。忍耐不是懦弱，而是一种策略，一种智慧。

公元前 494 年，吴王夫差为报父王阖闾被越王勾践击败杀害的仇恨，发全国兵力与越军交战，结果在夫椒山击溃越军。勾践陷入绝境，他想到了死战到底，但这样做的结果就是亡国，最终他决定像潜伏的猎豹，收敛锋芒，向吴国投降。

勾践给夫差做马夫，忍受常人难以想象的屈辱，他深知，这一切都是为了更长远的未来，为了越国的复兴。他用心喂养马匹，谦卑地服侍夫差，甚至在夫差生病时亲自用舌头检验粪便，以判断病情。他的“真诚”表现，逐渐迷惑了夫差，赢得了夫差的信任。几年后，夫差便放勾践回国了。

回国后，勾践时刻不忘复仇雪耻，他卧薪尝胆，睡在柴草上，让那令人难以忍受的苦味时刻提醒自己。他一边向吴王表现恭顺，一边暗中备战，积蓄力量。

卧薪尝胆二十余年忍耐与等待，勾践等到了夫差赐死忠臣伍子胥，等到了夫差越来越膨胀自大，在公元前 473 年，越军终于攻破吴国都城姑苏城，又把夫差围困在姑苏山上，逼得夫差自杀，最后越国吞并了吴国。

勾践的故事告诉我们，在逆境中，我们要保持冷静和理智，不被眼前的困难所吓倒。只有忍耐住一时的屈辱和困苦，等待合适的时机到来，才能取得最终的成功。

用宽容与善良化解屈辱

面对屈辱，我们可以选择怨恨，也可以选择原谅。怨恨只会让我们的心灵更加沉重，而原谅则能让我们获得内心的解脱。以善良的心去对待世界，世界也会以善良回报我们。屈辱不过是生命中的一段插曲，而我们的内心可以因为宽容与善良而变得更加宽广和美好。

司马迁的名字与一部辉煌的历史巨著——《史记》紧密相连。然而，这位伟大的历史学家的人生并非一帆风顺，他曾遭遇过巨大的屈辱。

天汉二年（公元前 99 年），李陵随贰师将军李广利出击匈奴，他以步卒五千人与匈奴单于主力数万人苦战。李陵率军斩敌一万余人，终因寡不敌众，无奈投降。

李陵投降匈奴的消息震惊了朝廷，汉武帝大怒，众臣跟风纷纷谴责。而司马迁勇敢地站出来客观地为李陵辩护，认为他仍有将功赎罪的机会，然而，这番言论却触怒了汉武帝，司马迁因此被下狱判了死刑。按当时法律，司马迁这样的死刑可以用钱来赎，无奈司马迁为官两袖清风，拿不出钱。另外还有一个免死的方法，那就是接受宫刑。

在司马迁看来，人生最大的屈辱莫过于宫刑。他是血性男儿，本来想一死了之，然而他正在撰写的史书还没有完成。这部史书寄托着他父亲临终前的厚望，也凝聚了他巨大的心血与抱负。他想到了古往今来成就大事而忍受屈辱的仁人志士，想到了“人固有一死，或重于泰山，或轻于鸿毛”，最终，为了完成这部史书，他忍辱选择了接受宫刑。

面对这样的屈辱，司马迁的内心充满痛苦。但他没有被击垮，而是用宽容与善良化解了屈辱，让自己的内心变得更加宽广和美好，塑造出了许多栩栩如生、令人感佩的历史人物。最终，他以惊人的毅力完成了《史记》。

司马迁的故事告诉我们，面对屈辱，我们可以选择怨恨，也可以选择宽容。但只有宽容，我们才能真正获得内心的解脱，才能以更加宽广的胸怀去面对生活中的种种挑战。

将屈辱转化为动力

每一次的屈辱都是对我们意志的考验，也是前进路上的助力。我们应当像弹簧一样，压力越大，反弹力越强，将屈辱化作内心的火焰，燃烧自己的潜能，推动我们不断向前，直至登上成功的巅峰。

战国时期，范雎是魏国中大夫须贾的家臣，曾跟随须贾出使齐国。齐王欣赏范雎的才识，就派人给他送去一些贵重的礼物，希望他能留在齐国任职，范雎当即拒绝。但须贾怀疑范雎出卖了魏国，回国后将此事报给相国魏齐。魏齐听信谗言，对范雎严刑拷打，甚至将他扔进厕所，让众人撒尿侮辱。

范雎没有被屈辱击垮，相反，他将这份屈辱深深地埋藏在心底，将其转化为前进的动力。他改名为张禄，来到秦国，凭借自己的才华和智慧，逐渐赢得了秦昭襄王的信任和重用，被封侯拜相。他在秦国提出了“远交近攻”的策略，并把魏国作为主要进攻对象。

魏王听说后惊恐万分，立即派须贾到秦国求和。须贾到了秦国，才知秦相“张禄”就是起死回生的范雎，吓得慌忙向范雎请罪。范雎饶过了他，让他回去告诉魏王，立即把魏齐的脑袋送来，否则立即发兵攻打魏国都城大梁。

须贾向魏王做了汇报，魏王立马答应了范雎提出的要求。魏齐见势不好，逃出魏国来到赵国，最后走投无路，被迫自杀。范雎终于如愿以偿，报了当年被羞辱之仇。

受到屈辱并不可怕，可怕的是被屈辱击垮。只有将屈辱转化为动力，我们才能够在逆境中崛起，实现自己的价值和梦想。

生活中，屈辱和困难总是相伴而来，但正是这些不如意，让我们变得更加强大。忍一时风平浪静，退一步海阔天空，把屈辱当作前进的动力，用宽容化解心中的怨恨，我们就能在逆境中崛起，活出属于自己的精彩人生。

麻痹对手，伺机脱困

麻痹对手，非示弱而是智取；伺机脱困，非逃避而是勇进。在复杂的较量中，以静制动、以逸待劳，是取胜的关键。幽谷中的兰花在寂静中积聚力量，等待春风的唤醒；智者善于隐藏实力，待时机成熟，便一举突破困境，展现出耀眼的光芒。

制造错觉

麻痹对手是一种高妙的策略。它不仅仅是对外示弱，更是一种内心坚韧与富于智谋的体现，如同古代兵法中的“兵不厌诈”，表面上的平静与松懈能使对手产生错觉，从而为我方创造有利的战机。实施这种策略需要深思熟虑，对局势有准确的判断，从而在关键时刻发挥奇效。

在古代战争的沙场上，智谋与勇气的较量总是交织在一起。飞将军李广深谙此道，在面临生死存亡的危机时，他就运用制造错觉的策略，上演了一场死里逃生的戏码。

在一次与匈奴的作战中，李广身负重伤，成了匈奴骑兵的俘虏。李广知道自己生存的机会渺茫，但他并未放弃希望。他紧闭双眼，沉默不语，心中盘算着如何逃脱险境。

李广利用匈奴兵的轻敌心理，巧妙地调整了自己的状态，他装作奄奄一息的样子，仿佛已经放弃了抵抗。这种表面的平静与松懈，让匈奴骑兵们放松了警惕，他们开始嘲笑这位曾经的飞将军，认为他已经束手无策，只能等死。

而就在匈奴骑兵们洋洋自得之时，李广趁其不备迅速发起反击。他利用匈奴兵的疏忽，跃身而起，猛然夺下了旁边匈奴兵的弓箭与战马。这一突如其来的动作让匈奴骑兵们惊愕不已，可他们尚未反应过来，李广已经飞驰而去。

在接下来的时间里，李广利用夺来的弓箭，一路向南狂奔。他不断射箭击倒追兵，让匈奴骑兵们心生畏惧，不敢过于靠近。就这样，李广成功地甩掉了追兵，逃脱了险境。

通过制造错觉，李广成功迷惑了敌人，为自己创造出有利的战机。这种策略的高妙之处在于利用表面上的平静与松懈，让对手产生错觉，从而为我方创造有利的战机。在现实生活中，我们也可以运用这种策略，以智慧和谋略取胜。无论是在工作中还是生活中，隐藏自己的真实意图，让对手无法捉摸，不失为争取更多的机会和时间的良策。

等待时机

伺机脱困的过程，往往是对耐心的极致考验。在等待有利时机的过程中，需要保持冷静和耐心，不被外界的干扰所影响。这种耐心不仅是对时间的磨砺，更是对心态的锻炼。只有经历过漫长的等待和无数次的失望，才能在最终的时刻迎来胜利的曙光。

都昌城下，战鼓擂响，黄巾军围困了这座孤城。城主孔融，这位名士与将领，面临着前所未有的困境。他明白，再这样孤守下去必将粮草耗尽，而敌兵数倍于我，强行突围，可能全军覆没。唯一的办法就是有人能出城，向素来交厚的刘备求援，然而，城被围得如铁桶一般，想出城太难了。

这时，守城大将太史慈向孔融低语，说了一个计策。孔融听后点头同意。

这天一大早，紧闭的城门大开，吊桥放下来，从城内冲出三名骑射手，为首的就是太史慈。黄巾军立即警惕起来，一面报告主帅，一面严阵以待，但太史慈三人出城跑不远就跳下坐骑，在一处堑壕里插好箭靶练起箭来，练完箭后又回城了。

第二天一早还是如此，黄巾军就不那么紧张了。等到第三天太史慈还这样做时，黄巾军就懒得理会了。

这天练完箭后，太史慈假装回营，趁黄巾军不备时突然加速冲向敌营。黄巾军士兵们惊慌失措，才明白太史慈的真正意图，但这时已经晚了，太史慈成功突破包围，并前往刘备处求援。最终太史慈搬来了三千救兵，解了都昌之围。

在等待中，太史慈展现出了他的耐心和决心。他深知只有等待最佳时机，才能获得最大的成功。他抓住了黄巾军疏忽的瞬间，成功突破包围，为都昌城带来了援兵。这告诉我们，在追求目标的过程中，耐心等待是至关重要的，只有具备足够的耐心，才能在关键时刻抓住机会，实现自己的目标。

敢于决断

麻痹对手、伺机脱困的策略最终需要决断的勇气来实施。在关键时刻，只有敢于冒险、敢于决断的人，才能抓住稍纵即逝的机会，这种勇气不仅是对自己的信任，更是对胜利的渴望和对未来的坚定信念。只有具备了这种勇气，才能在复杂多变的局势中脱颖而出，成为真正的胜者。

在某个官宦人家，有个年仅五岁的孩子，他聪明绝顶，人见人爱。元宵佳节那天，老仆带他上街观灯，却不料在人潮中被一名外号为“雕儿手”的骗子拐走。

“雕儿手”是个狡猾的骗子，他看中了孩子华丽的衣帽，特别是那顶嵌有硕大“猫眼儿”宝石的帽子。他计划将孩子带到偏僻处，再取走他的衣帽。

五龄童虽然年纪小，心智却异常成熟。他察觉到自己被骗后，并未惊慌失措，而是冷静地思考脱身之计。他先将值钱的帽子取下，藏在袍袖之中，以麻痹骗子，然后假装在骗子背上睡着，让骗子放松警惕。

当骗子转入一条小巷时，五龄童看到了脱身的机会。他趁一顶轿子经过时，大声向轿内呼叫：“叔叔救命！”这一喊声吓得骗子连忙将他扔下，逃入人群，而轿中之人并非孩子的熟人，而是一位急病求诊的老妇人。

巡街的官员询问孩子骗子的相貌，孩子说他没看到骗子的样子，但透露了自己在骗子身上留下的记号——那顶帽子上的金针。

巡街官员根据这个线索，很快在人群中找到了“雕儿手”，将他绳之以法。五龄童也安全地回到了家中。

在关键时刻，五龄童敢于冒险、敢于采取果断行动，最终成功脱险，这种勇气和决心对于每个人来说都是重要的品质。无论是在生活中还是工作中，我们都会遇到各种挑战和困境，只有敢于决断的人才能在困境中脱颖而出，抓住机遇，实现自己的目标。

智勇双全，方能克敌制胜。麻痹对手，是智者的策略；伺机脱困，是勇者的决断。在风云变幻的舞台上，智者如棋圣手谈，步步为营；勇者如匹马一麾，一往无前。智者藏于九地之下，待时而动；勇者跃于九天之上，乘势而为。如此，我们方能在复杂纷扰的世界中，把握命运，成就非凡。

置之死地而后生

置之死地而后生，不仅是生存的哲学，也是人生的智慧。它告诉我们，在人生的低谷，看似一切都将失去时，实则蕴藏着无限的可能。正是这种绝境中的坚持与抗争，磨砺了我们的意志，激发了我们的潜能，让我们在逆境中重获新生，书写出属于自己的辉煌篇章。

绝境的磨砺

置之死地而后生，是生命在绝境中的凤凰涅槃。当我们被逼至生命的角落，无处可逃时，正是内心最深处的力量觉醒之时。这种力量如同潜藏在岩石下的泉水，经历重压后喷涌而出，汇成生命的洪流。在绝境的磨砺下，我们的意志会变得更加坚韧，智慧之光也更加明亮，从而找到通向新生的道路。

周赧王三十六年（公元前 279 年），秦昭襄王派大良造白起率军十万攻打楚国。秦军深入楚境，面对楚国的地域广大，将士众多，白起选择了“置之死地而后生”的策略。他烧船毁桥，断了自己的退路，同时也断了士兵们的侥幸之心。这样的决策，让秦国士兵们明白，此战唯有胜利，否则只有死路一条。

这样的绝境，对于秦国士兵来说，无疑是一次巨大的磨砺。他们放下了恐惧和犹豫，鼓足勇气，与楚军展开了殊死搏斗。最终，在白起的指挥下，秦军以少胜多，攻克了鄢郢，赢得了这场战争。

这次绝境的磨砺，不仅让秦军体验到了生死之间的挣扎与抉择，也让他们更加明白了团结和勇气的重要性。这场战争让白起的名声更加远扬，成为战国时期的一位杰出将领。

对秦军来说，鄢郢之战是一次绝境中的磨砺和考验。它也让我们明白，人们在绝境中能爆发出最大的潜力，展现出真正的勇气和智慧。而这样的磨砺和考验，也是我们在生活中不断前行、不断成长的动力和源泉。

潜能的激发

置之死地而后生，亦是对人类潜能的极致激发。在安逸的环境中，我们往往难以察觉自己内在的巨大能量。然而，当生命面临挑战，一切看似无望时，正是潜能爆发的时刻。这种潜能如同沉睡的巨人，在危机的呼唤下苏醒，展现出惊人的力量。它推动我们超越自我，实现看似不可能的成就。

公元前 204 年，韩信率领几万大军欲通过太行山区的井陉，先要面对赵王歇和陈馀的二十万大军。陈馀轻视韩信，想要直接迎战，而谋士李左车建议智取，陈馀并未采纳。

韩信得知赵军情况后，选择在井陉口附近安营扎寨。他精心布置，先派两千轻骑兵潜伏到赵军军营附近，准备换旗，再派一万人马背水列阵，这在兵家看来是犯了大忌。

赵军见韩信如此布阵，大笑其不会用兵。然而，韩信此举有其深意，他率队边打边退，将赵军引入背水阵中。此时，汉军因为没有退路，个个拼死作战，潜能被彻底激发，与此同时，两千轻骑兵趁机冲入赵营，换掉了赵军的旗帜。

赵军与汉军交战许久都不能取胜，想收兵回营时，却发现营地里全是汉军的旗帜，顿时军心大乱。韩信趁机两路夹击，大败赵军，杀了陈馀，活捉了赵王歇和李左车。

战后，有人问韩信为何犯了兵家大忌还能取胜。韩信解释道："这种战术其实也写在兵书上。兵书上说'置之死地而后生'，我军实力不如赵军，这种形势下，稍有畏惧，我军必败，只有把将士们置于死地，让每个人为了保命而拼杀，才有可能激发出他们全部的战斗力，从而活命！"

井陉之战充分展示了韩信卓越的军事才能和领导魅力。他通过精心策划和巧妙布阵，成功激发了士兵们的潜能，以弱胜强，赢得了这场战役。此战也成了中国历史上著名的战役之一，为后人留下了宝贵的经验和启示。

重生的契机

置之死地而后生，是一次心灵的重生。在绝境的洗礼下，我们重新审视自己，重新定义生活的意义。这种重生不仅仅是肉体的复苏，更是灵魂的觉醒。我们学会了珍惜，学会了感恩，学会了以更加宽广的视野去看待世界。在这个过程中，我们获得了内心的平静与力量，成为更加完整的自己。

公元前 208 年，秦将章邯镇压了陈胜、吴广的起义，反秦的一面大旗项梁也战死了，秦军的节节胜利，使得各路起义军士气低落。这时，章邯又率军进攻河北，邯郸陷落，赵王歇及赵相张耳被迫退守在巨鹿，被秦将王离率军围困。章邯率军数万屯于巨鹿城南面，并修筑两侧有土墙的通道直达王离营地，以供粮草。赵国君臣向楚怀王求援，楚怀王派上将军宋义和次将项羽前去救援。

宋义引兵至安阳后，接连 46 天按兵不动，其他多路起义军也持观望的态度，不敢前去营救。对此项羽十分不满，他毅然决然地拔剑斩杀宋义，接掌了楚军的指挥权。

项羽明白，要想取得胜利，必须让士兵们放弃一切退路，激发出他们内心深处的勇气和力量。于是，他下令破釜沉舟，断绝了楚军的后路。这一策略犹如一剂强心针，注入了楚军将士的体内，他们以一当十，勇猛无比。

巨鹿之战成为反秦势力重生的契机。在项羽的领导下，楚军战士们奋勇杀敌，经过九次激战终于大破秦军。这场胜利不仅解了巨鹿之围，更让反秦势力看到了希望的曙光。

重生的契机往往隐藏在绝境之中，只有勇敢面对困境、敢于挑战自我、不断寻求突破的人才能抓住这样的契机，实现自我重生和超越。项羽和楚军战士们在巨鹿之战中的表现就是最好的例证。

置之死地而后生，是战争中勇者的智慧，也是人生新篇章的开启。经历过生与死的较量，我们才更加明白生命的宝贵和奋斗的价值，这种体验如同破茧成蝶，让我们从过去的束缚中解脱出来，再以全新的姿态迎接未来的挑战。